LIDERANÇA SEM EGO

Edgar H. Schein

LIDERANÇA SEM EGO

A Arte da Indagação Humilde para Construir Equipes Fortes e Comprometidas

Tradução
Mário Molina

Editora
Cultrix
SÃO PAULO

Título do original: *Humble Inquiry*.
Copyright © 2013 Edgar H. Schein.
Publicado mediante acordo com Berrett-Koehler Publishers, São Francisco.
Copyright da edição brasileira © 2018 Editora Pensamento-Cultrix Ltda.
Texto de acordo com as novas regras ortográficas da língua portuguesa.
1ª edição 2018.
Todos os direitos reservados. Nenhuma parte desta obra pode ser reproduzida ou usada de qualquer forma ou por qualquer meio, eletrônico ou mecânico, inclusive fotocópias, gravações ou sistema de armazenamento em banco de dados, sem permissão por escrito, exceto nos casos de trechos curtos citados em resenhas críticas ou artigos de revistas.

A Editora Cultrix não se responsabiliza por eventuais mudanças ocorridas nos endereços convencionais ou eletrônicos citados neste livro.

Editor: Adilson Silva Ramachandra
Editora de texto: Denise de Carvalho Rocha
Gerente editorial: Roseli de S. Ferraz
Preparação de originais: Marta Almeida de Sá
Produção editorial: Indiara Faria Kayo
Editoração eletrônica: Join Bureau
Revisão: Luciana Soares da Silva

Dados Internacionais de Catalogação na Publicação (CIP)
(Câmara Brasileira do Livro, SP, Brasil)

Schein, Edgar H.
 Liderança sem ego: a arte da indagação humilde para construir equipes fortes e comprometidas/Edgar H. Schein; tradução Mário Molina. – São Paulo: Editora Cultrix, 2018.

 Título original: Humble inquiry.
 ISBN 978-85-316-1464-4

 1. Carreira profissional – Administração 2. Desenvolvimento pessoal 3. Comportamento organizacional 4. Liderança 5. Sucesso I. Molina, Mário. II. Título.

18-16779   CDD-302.2

Índices para catálogo sistemático:
 1. Liderança: Comportamento organizacional: Psicologia social   302.2
   Iolanda Rodrigues Biode – Bibliotecária – CRB-8/10014

Direitos de tradução para o Brasil adquiridos com exclusividade pela
EDITORA PENSAMENTO-CULTRIX LTDA.,
que se reserva a propriedade literária desta tradução.
Rua Dr. Mário Vicente, 368 — CEP 04270-000 — São Paulo (SP)
Fone: (11) 2066-9000 — Fax: (11) 2066-9008
http://www.editoracultrix.com.br
E-mail: atendimento@editoracultrix.com.br
Foi feito o depósito legal.

Dedico este livro a meus
principais professores e mentores:
Gordon Allport, Richard Solomon,
David Rioch, Erving Goffman,
Douglas McGregor e Richard Beckhard.

Sumário

Introdução: Criando relacionamentos positivos
e organizações eficientes.. 9
1. Indagação humilde.. 17
2 Indagação humilde na prática – estudos de caso..... 37
3. Diferenciando a indagação humilde de outras
formas de indagação... 61
4. A cultura do fazer e do dizer... 77
5. Fronteiras de *status*, posto e papel como inibidores.... 97
6. Forças dentro de nós como inibidores........................... 117
7. Desenvolvendo a atitude de indagação humilde...... 137

Notas.. 153

Agradecimentos.. 155

Sobre o autor – nas palavras dele....................................... 157

Introdução: Criando relacionamentos positivos e organizações eficientes

A motivação para escrever este livro é pessoal e profissional. No âmbito pessoal, nunca gostei que me dissessem coisas sem fundamento; em especial, coisas que eu já sabia. Outro dia eu estava admirando um raro punhado de cogumelos que havia crescido depois de uma chuva torrencial quando uma senhora que passeava com o cachorro decidiu parar e me dizer em voz alta: "Alguns deles são venenosos, o senhor sabe?". Respondi "eu sei", ao que ela acrescentou: "Alguns podem matá-lo, o senhor sabe?".

O que me impressionou foi como a necessidade dessa senhora de afirmar aquilo não só tornou difícil elaborar uma resposta positiva como também me ofendeu. Percebi que o tom e a abordagem *direta* impediram o desenvolvimento de um contato positivo e criaram um constrangimento para a comunicação posterior. A intenção dela pode ter sido me ajudar, mas me pareceu inútil, e eu lamentei que ela não me tivesse feito uma pergunta, logo no início ou depois que eu disse "eu sei", em vez de tentar me dizer mais alguma coisa.

Por que é tão importante aprender a fazer boas perguntas que ajudem a construir relacionamentos positivos?

Porque num mundo cada vez mais complexo, interdependente e diversificado no âmbito cultural não é possível compreendermos pessoas que atuem em diferentes áreas ocupacionais, profissionais e nacionais nem trabalharmos com elas se não soubermos fazer perguntas nem construir relacionamentos que estejam baseados em respeito mútuo e no reconhecimento de que os outros sabem coisas que talvez precisemos saber para que um trabalho seja feito.

No entanto nem todas as perguntas são equivalentes. Passei a acreditar que precisamos aprender a fazer perguntas de uma determinada maneira que denominei "INDAGAÇÃO HUMILDE" no meu livro *Helping: How to Offer, Give, and Receive Help*, publicado em 2009, e que pode ser definida da seguinte maneira:

INDAGAÇÃO HUMILDE é a arte de fazer com que a outra pessoa seja franca com você, fazendo a ela as perguntas certas para obter as informações de que precisa para cultivarem um relacionamento positivo baseado na confiança e no interesse sincero.

A motivação profissional para investigar de maneira mais ampla a INDAGAÇÃO HUMILDE vem das percepções que adquiri em cinquenta anos de consultoria a diferentes tipos de organizações. De modo particular, nas indústrias com alto nível de periculosidade, nas quais os problemas de segurança são primordiais, aprendi que boas relações e comunicação confiável entre fronteiras hierárquicas são fundamentais. Em desastres aéreos e acidentes da indústria química, nos pouco frequentes, mas sérios, acidentes em instalações nucleares, nos desastres da Challenger e da Columbia, da NASA, e no derramamento de óleo da British Petroleum no Golfo do México, uma descoberta comum é que funcionários de baixo escalão tinham informações que teriam evitado ou reduzido as consequências do acidente, mas que não foram passadas aos escalões mais altos, foram ignoradas ou desconsideradas. Quando converso com administradores de postos elevados, eles sempre me asseguram de que são pessoas abertas, que querem ouvir os subordinados e que encaram com seriedade as informações que lhes são transmitidas. Contudo, quando converso com os subordinados nessas mesmas empresas, eles me dizem que não se sentem seguros para levar más notícias a seus chefes ou que tentaram mas nunca conseguiram qualquer resposta ou mesmo um agradecimento, o que os levou a concluir que suas contribuições não eram bem-vindas e a desistir. É chocante o fato de que, com frequência, eles se acomodavam em situações de risco apenas para não incomodar os chefes com notícias ruins.

    Quando vejo o que se passa em hospitais, centros cirúrgicos e no sistema de saúde em geral, eu constato que existem os mesmos problemas de comunicação nesses ambientes e que o custo disso recai muitas vezes sobre os pacientes.

Enfermeiros e técnicos não se sentem seguros para levar informação negativa aos médicos ou advertir um médico que esteja prestes a cometer um erro. Os médicos argumentarão que, se os enfermeiros fossem "profissionais", falariam o que fosse preciso, mas em muitos hospitais os enfermeiros lhe dirão que os médicos se sentem no direito de gritar com enfermeiras numa atitude punitiva, o que cria um clima no qual as enfermeiras decerto não se sentem à vontade para falar. Os médicos envolvem os pacientes em conversas de mão única, em que só perguntam o que é indispensável para fazer um diagnóstico e, às vezes, erram no diagnóstico por não perguntarem tudo o que é necessário antes de começar a dizer o que os pacientes devem fazer.

Fico impressionado ao ver que o que se perde em todas essas situações é um clima em que funcionários de nível menos elevado se sintam seguros para enfatizar problemas que precisam ser resolvidos, trazer informações que reduziriam a probabilidade de acidentes e, no sistema de saúde, apontar erros que prejudicam os pacientes. Como criar um clima no qual as pessoas possam falar livremente, expor informações relacionadas à segurança e, inclusive, corrigir seus superiores ou as pessoas de *status* mais elevado que estiverem prestes a cometer um erro?

A resposta se choca com certos aspectos importantes da cultura americana: *temos de ficar mais voltados para as perguntas e fazer menos afirmações numa cultura que supervaloriza a afirmação.* Sempre me preocupou ver como até as conversas comuns tendem a ser definidas mais pelo que *afirmamos* do que pelo que *perguntamos*. As perguntas são consideradas corriqueiras em vez de ganharem um papel de destaque no drama humano. No entanto toda a minha experiência de ensino e consultoria tem me levado a compreender que o que constrói um relacionamento, o que soluciona problemas, o que faz as coisas avançarem é *fazer as perguntas certas*. Particularmente, são os líderes do mais alto escalão que devem aprender a arte da INDAGAÇÃO HUMILDE como o primeiro passo para criar um clima de abertura.

Aprendi cedo em meu trabalho como consultor que fazer as perguntas certas era mais importante do que dar recomendações ou conselhos e escrevi sobre isso em meus livros relacionados à *Consultoria de Processos*.[1] Depois percebi que dar e receber ajuda também funcionam melhor quando a pessoa que ajuda faz algumas perguntas antes de dar conselho ou antecipar soluções. Escrevi, então, sobre a importância de perguntar em meu livro *Helping*.[2]

Agora entendo que a questão de perguntar *versus* afirmar é de fato fundamental nas relações humanas e se aplica o tempo todo a todos nós. O que optamos por perguntar, quando perguntamos, qual é nossa atitude subjacente quando perguntamos – tudo isso é fundamental para a construção do relacionamento, para a comunicação e para a execução da tarefa.

Construir relacionamentos entre seres humanos é um processo complexo. Os erros que cometemos em conversas e as coisas que, após a conversa, achamos que devíamos ter dito refletem no geral nossa confusão relativa ao equilíbrio de perguntar e afirmar e nossa tendência automática a afirmar. Os ingredientes perdidos na maioria das conversas são a curiosidade e a disposição de fazer perguntas cujas respostas ainda não conhecemos.

Está na hora de dar uma olhada nessa forma de questionamento e examinar seu papel numa grande variedade de situações, de conversas banais ao desempenho de tarefas complexas, como uma equipe médica executando uma cirurgia de coração aberto. Num mundo complexo e interdependente, um número cada vez maior de tarefas é como uma gangorra ou uma corrida de revezamento. Procuramos obter trabalho de equipe e usamos muitas diferentes analogias atléticas, mas escolhi a gangorra e a corrida de revezamento para insistir na ideia de que, com frequência, é necessário que *todos* façam sua parte. Para que todos façam sua parte de maneira adequada é preciso ter boa comunicação; boa comunicação requer a construção de *uma relação de confiança*; e a construção de uma relação de confiança requer INDAGAÇÃO HUMILDE.

Este livro é para todo tipo de leitor, mas tem importância especial para pessoas que exercem cargos de liderança porque a arte de perguntar se torna mais difícil à medida que o *status* do indivíduo se eleva. Nossa cultura enfatiza que os líderes têm de ser mais sábios, definindo rumos e articulando valores. Tudo isso os predispõe mais a afirmar do que a perguntar. Contudo há líderes que precisarão da INDAGAÇÃO HUMILDE principalmente porque tarefas complexas e interdependentes exigem a construção de relacionamentos positivos e confiáveis com os subordinados a fim de facilitar a boa comunicação de baixo para cima. E, sem a boa comunicação de baixo para cima, as organizações não podem ser eficientes nem seguras.

Sobre este livro

Neste livro, vou primeiro descrever e explicar o que quero dizer com INDAGAÇÃO HUMILDE no Capítulo 1. Para compreender a *humildade* de forma plena é importante diferenciar três tipos de humildade: 1) a humildade que sentimos perto de idosos e dignatários; 2) a humildade que sentimos na presença de pessoas que nos inspiram grande respeito por suas realizações; e 3) a HUMILDADE AQUI E AGORA, que resulta do fato de, às vezes, ficarmos dependentes de outra pessoa em virtude de cumprir uma tarefa em que estejamos envolvidos. Isso vai soar a alguns leitores como minúcia acadêmica, mas o reconhecimento desse terceiro tipo de humildade é a chave para a INDAGAÇÃO HUMILDE e a construção de relacionamentos positivos.

Para explicar a INDAGAÇÃO HUMILDE na íntegra, apresentarei no Capítulo 2 uma série de breves estudos de caso e, no Capítulo 3, vou demonstrar como essa forma de perguntar é diferente de outros tipos de perguntas que podemos fazer.

No Capítulo 4 vou relatar por que é difícil praticar a INDAGAÇÃO HUMILDE no tipo de cultura "voltada para a tarefa" em que vivemos. Eu a chamo de "cultura do fazer e afirmar" e mostro que, além de valorizarmos mais o *afirmar* que o *perguntar,* também valorizamos mais o *fazer* que o *interagir,* reduzindo, assim, nossa capacidade e a vontade de criar relacionamentos. No Capítulo 5 argumentarei que, quanto mais elevado for o nosso *status,* mais difícil se torna praticar a INDAGAÇÃO HUMILDE, por mais importante que seja para os líderes aprenderem a ser vez ou outra humildes. Não só normas e pressupostos em nossa cultura tornam difícil a INDAGAÇÃO HUMILDE como a complexidade de nosso cérebro humano e a complexidade dos relacionamentos sociais também criam alguns constrangimentos e dificuldades, aos quais me reportarei no Capítulo 6.

Por fim, no Capítulo 7, farei algumas sugestões sobre como podemos elevar nossa capacidade e vontade de praticar a INDAGAÇÃO HUMILDE.

1
Indagação humilde

Quando as conversas não vão bem, quando nosso melhor conselho é ignorado, quando ficamos transtornados com o conselho que outros dão, quando nossos subordinados deixam de nos dizer coisas que diminuiriam os problemas ou nos livrariam de armadilhas, quando as discussões se transformam em disputas que acabam num impasse e ferem sentimentos – o que deu errado, o que poderia ter sido feito para alcançarmos melhores resultados?

Um exemplo distinto veio de um de meus alunos executivos do Programa Sloan, do MIT, que estava estudando para um importante exame de finanças em seu escritório no porão de sua casa. Ele havia instruído de modo explícito a filha de 6 anos a não o interromper. Estava absorto no trabalho quando uma batida na porta anunciou a chegada da filha. Ele reagiu de modo rude: "Eu não disse para você não me interromper?". A menininha começou a chorar e saiu correndo. Na manhã seguinte, a esposa o criticou num tom

severo por ter magoado a filha. Ele se defendeu com vigor até que a mulher o interrompeu e disse: "Eu disse a ela que descesse para dar boa-noite e perguntar se você não queria uma xícara de café para ajudar no estudo. Por que gritou com ela em vez de perguntar por que ela estava lá?".
Como podemos nos sair melhor? A resposta é simples, mas sua implementação não é. Teríamos de fazer três coisas: 1) menos afirmações; 2) aprender a elaborar mais perguntas no modo particular de INDAGAÇÃO HUMILDE; e 3) nos esforçarmos mais para ouvir e nos mostrarmos receptivos. Falar e ouvir são atitudes que têm sido muito destacadas em centenas de livros sobre comunicação. No entanto a arte social de fazer uma pergunta tem sido estranhamente negligenciada.

Contudo o que perguntamos e a forma particular como perguntamos – que descrevo como INDAGAÇÃO HUMILDE – é, em última análise, a base para construir relações de confiança, o que proporciona melhor comunicação e, assim, assegura a colaboração onde ela é necessária para a conclusão de um trabalho.

Algumas tarefas podem ser cumpridas com cada pessoa fazendo sua parte. Se for esse o caso, construir relacionamentos e melhorar a comunicação pode não importar. Nos esportes de equipe como basquete, futebol e hóquei, o trabalho de equipe é *desejável*, mas não essencial. Porém, quando *todas as partes* têm de fazer a coisa certa – quando há uma completa e simultânea interdependência, como numa gangorra ou numa corrida de revezamento –, os bons relacionamentos e a comunicação franca se tornam *essenciais*.

Como *perguntar* constrói relacionamentos?

Todos nós vivemos numa cultura de *afirmar* e achamos difícil perguntar, sobretudo perguntar de uma maneira humilde. O que há de tão errado em afirmar? A resposta curta é sociológica. *Afirmar* rebaixa a outra pessoa. Indica que a outra pessoa não sabe o que estou dizendo e que ela deveria saber. Com frequência, quando me dizem algo sem eu ter perguntado, percebo que eu já tinha conhecimento sobre aquele assunto e me pergunto por que a pessoa presumiu que eu não soubesse. Quando me dizem coisas que eu já sei ou nas quais já havia pensado, fico no mínimo impaciente e no máximo ofendido. O fato de a outra pessoa dizer "mas eu só estava tentando ajudar... você podia não ter pensado nisso" acaba não sendo útil nem tranquilizador.

Por outro lado, *perguntar* habilita a participação da outra pessoa na conversa por alguns momentos e me deixa vulnerável durante algum tempo. Sugere que a outra pessoa sabe algo que preciso ou quero saber. Envolve a outra pessoa na situação e a coloca no comando; permite que a outra pessoa me ajude ou me magoe, abrindo assim a porta para a construção de um relacionamento. Se não me importo em me comunicar ou em construir um relacionamento com a outra pessoa, então não há problema com as afirmações. Entretanto, se parte do objetivo da conversa é *melhorar* a comunicação e construir um relacionamento, afirmar é mais arriscado do que perguntar.

Uma conversa que leva a um relacionamento tem de ser equitativa e equilibrada no aspecto sociológico. Se eu quiser construir um relacionamento, devo começar investindo alguma coisa nele. A INDAGAÇÃO HUMILDE começa quando eu invisto um pouco de minha *atenção*. Minha pergunta está transmitindo para a outra pessoa: "Estou disposto a ouvi-la e estou me mostrando vulnerável diante de você". Terei um retorno do meu investimento se o que a outra pessoa me disser for algo que eu não sabia e que precisava saber. Agradecerei então por ter sido informado de alguma coisa nova, e um relacionamento poderá se desenvolver por meio de sucessivos ciclos de ser informado de alguma coisa *em resposta a uma pergunta*.

De minha parte surge a *confiança* porque me fiz vulnerável e a outra pessoa não tirou vantagem sobre mim nem me ignorou. A confiança surge da parte da outra pessoa porque demonstrei interesse e dei atenção ao que ela me disse. Uma conversa que faz surgir uma relação de confiança é, portanto, um processo interativo em que cada parte investe e tem como retorno algo de valor.

Tudo isso ocorre dentro das fronteiras culturais do que é considerado boas maneiras e civilidade. Os participantes trocam informações e atenção em ciclos sucessivos guiados por cada uma de suas percepções das fronteiras culturais sobre o que é adequado perguntar e dizer em determinada situação.

Por que isso não ocorre com frequência? Não sabemos como fazer perguntas? É natural acharmos que sabemos como perguntar, mas deixamos de reparar com que frequência mesmo as nossas perguntas são apenas outra forma de afirmar – uma forma retórica ou que apenas testa se o que pensamos está certo. Estamos mais propensos a afirmar do que a perguntar porque vivemos numa cultura pragmática, resolutória de problemas, em que saber coisas e dizer a outras pessoas o que sabemos é algo valioso. Também vivemos numa sociedade estruturada em que construir relacionamentos não é tão importante quanto cumprir tarefas, em que é apropriado e esperado que o subordinado mais pergunte do que afirme, enquanto o chefe afirma mais do que pergunta. Ter de perguntar é sinal de fraqueza ou ignorância e, por isso, é evitado ao máximo.

Há, no entanto, evidência crescente de que muitas tarefas são mais bem cumpridas e realizadas de maneira mais segura quando os membros da equipe e, em especial os chefes, aprendem a construir relacionamentos por intermédio da arte da INDAGAÇÃO HUMILDE. Essa forma de perguntar expressa interesse na outra pessoa, indica a disposição de ouvir e, assim, oferece temporariamente poderes a essa pessoa. Implica um estado temporário de dependência do outro e, portanto, uma espécie de HUMILDADE AQUI E AGORA que deve ser distinguida de duas outras formas de humildade.

Três tipos de humildade

Humildade, no sentido mais geral, se refere a conceder a outra pessoa um *status* mais elevado que aquele que reclamamos para nós mesmos. Ser *humilhado* significa ser publicamente privado de um *status* almejado, perder prestígio. É inaceitável em todas as culturas humilhar outra pessoa, mas as regras do que constitui humilhação variam entre as culturas graças a diferenças no modo como o *status* é concedido. Para compreender, portanto, a INDAGAÇÃO HUMILDE, precisamos distinguir três tipos de humildade baseados em três tipos de *status*:

1) *Humildade básica* – Em sociedades tradicionais em que o *status* é atribuído pelo nascimento ou pela posição social, a humildade não é uma opção, mas uma condição. A pessoa pode aceitá-la ou ressentir-se dela, mas não pode alterá-la de forma arbitrária. Na maioria das culturas é concedido à "classe superior" um respeito intrínseco baseado no *status* que a pessoa tem ao nascer. Em democracias ocidentais, como os Estados Unidos, ainda não está bem definido até que ponto devemos nos mostrar humildes diante de alguém que nasceu com *status* em vez de tê-lo conquistado. Porém todas as culturas têm regras sobre a dose mínima de respeito ou polidez esperada e a cordialidade que os adultos devem uns aos outros. Nós todos reconhecemos que, como seres humanos, devemos algum respeito básico uns aos outros e precisamos agir com certa dose de civilidade.

2) *Humildade opcional* – Em sociedades em que o *status* é *alcançado* por meio das realizações pessoais, tendemos a nos sentir humildes na presença de pessoas que claramente obtiveram mais sucesso do que nós e que admiramos ou invejamos. Esse tipo de humildade é *opcional* porque podemos

ou não nos colocar na presença daqueles que nos fariam nos sentir humilhados diante das suas realizações. Podemos evitar esse sentimento de humilhação escolhendo nossas companhias ou a quem nos comparamos, ou seja, nosso grupo de referência. Quando estamos na presença de alguém cujas realizações respeitamos, em geral sabemos quais são as regras esperadas de deferência e conduta, mas elas podem variar conforme a cultura ou a ocasião. O modo de demonstrar respeito a um físico vencedor do prêmio Nobel ou a um ganhador da medalha de ouro olímpica talvez não seja o mesmo, por isso pode ser preciso consultar alguém familiarizado com esses ambientes, para que não se cometa nenhuma gafe.

3) *Humildade aqui e agora* – Há um terceiro tipo de humildade que é fundamental para a compreensão da INDAGAÇÃO HUMILDE. A HUMILDADE AQUI E AGORA é aquela que sentimos diante de alguém de quem somos dependentes no momento. Meu *status* é inferior ao *status* dessa pessoa porque, em dada circunstância, ela conhece algo ou pode fazer algo de que estamos precisando para cumprir uma tarefa ou alcançar um objetivo. Ela tem o poder de nos ajudar ou de ser um empecilho na realização dos objetivos que escolhemos e com os quais nos comprometemos. Temos de ser humildes porque, temporariamente, dependemos dessa pessoa. Nesse caso também se trata de uma opção. Podemos não nos comprometer com tarefas que nos tornam dependentes de outras pessoas ou podemos negar essa dependência, evitando o sentimento de humildade, mas deixando de obter o que

necessitamos ao deixar de cumprir a tarefa ou sabotá-la de modo inconsciente. Infelizmente, as pessoas, com frequência, preferem falhar a admitir sua dependência dos outros.

Esse tipo de humildade é mais evidente quando você é o subordinado, o estudante ou o paciente/cliente, porque a situação em que está define o *status* relativo. É menos visível entre pares de uma equipe e, com frequência, invisível por completo ao chefe, que pode presumir que o poder formal concedido pelo cargo é por si só uma garantia do desempenho do subordinado. O chefe ou a chefa podem não perceber sua dependência do subordinado, seja por causa de suposições equivocadas a respeito da natureza da tarefa que está sendo executada, seja em consequência de suposições equivocadas sobre o nível de compromisso de um subordinado com a tarefa específica. O chefe pode presumir que algo que está na pauta de trabalho do subordinado será feito e não reparar nos muitos meios que os subordinados têm de reter informação ou se desviar da atividade para a qual foram treinados. No entanto, se sou um chefe numa gangorra ou numa corrida de revezamento, em que o desempenho de ambos ou todos é absolutamente importante para a realização da tarefa, sou na verdade dependente do subordinado, quer eu reconheça isso ou não. O movimento da gangorra ou a passagem do bastão só funcionará se todos os participantes, independentemente do seu *status* formal, reconhecerem a dependência mútua. Essa é a situação em que a INDAGAÇÃO HUMILDE, feita por todas as partes, se torna mais relevante, em que a humildade não está baseada num pressuposto com relação à diferenças no *status* formal ou em diferenças numa realização anterior, mas numa reconhecida interdependência aqui e agora.

Quando você depende de alguém para que uma tarefa seja cumprida, é essencial que construa um relacionamento com essa pessoa que leve a uma comunicação sincera relativa à tarefa. Considere duas possibilidades. Você é o líder na corrida de revezamento. *Dizer* a outra pessoa que estenda a mão esquerda para que você, que é destro ou destra, consiga passar facilmente o bastão pode levar ou não a uma passagem eficiente. Contudo, se você decidir praticar a INDAGAÇÃO HUMILDE antes da corrida, pode perguntar ao colega de equipe que mão deve usar. Você pode então descobrir, por exemplo, que ele está com a mão esquerda machucada, motivo pelo qual seria melhor fazer a passagem com a *sua* mão esquerda.

Seja como for, o subordinado não deveria ter mencionado isso antes da corrida? Não se nessa cultura for tabu falar de maneira franca e direta com uma pessoa de *status* mais elevado. Se o bastão é um instrumento que uma enfermeira passa ao cirurgião, não basta que ele *diga* à ela o que precisa e espere uma reação adequada? Em termos gerais, sim, mas e se a atenção da enfermeira tivesse sido desviada num instante pelo *bip* do equipamento de monitoramento, ou se ela estivesse confusa devido a um possível problema de comunicação ou pensar que é o instrumento errado? Nesse caso, ela não deveria falar francamente e admitir que não compreendeu o que ele disse? Ou as forças culturais tão presentes na situação farão com que ela decida o que fazer por si só e acabe cometendo um erro gravíssimo? Se, na cultura dessa sala de cirurgia, os médicos são deuses que simplesmente não devem ser questionados ou confrontados por ninguém, a enfermeira não dirá nada, mesmo se o paciente estiver sujeito a sofrer algum dano em potencial. Meu argumento é que, nesses dois exemplos, o líder e o médico são de fato dependentes dos subordinados e devem, portanto, assumir sua HUMILDADE AQUI E AGORA. A incapacidade de fazê-lo e a incapacidade de praticar a INDAGAÇÃO HUMILDE para construir um relacionamento *antes da corrida ou da cirurgia* levam então a um desempenho precário, a um dano potencial e a sentimentos generalizados de frustração.

Quando esse tipo de situação ocorre dentro de uma cultura na qual as regras de deferência e conduta são claras, há uma chance de que as partes se compreendam. No entanto, quando os membros de uma equipe que vão desempenhar uma tarefa interdependente são mais multiculturais, tanto a língua quanto o conjunto de regras comportamentais sobre como lidar com problemas de autoridade e confiança podem variar. Para esclarecer isso, vamos examinar um hipotético exemplo multicultural na área médica, considerando que as mesmas forças culturais atuariam num exemplo comparável de uma força-tarefa num negócio ou numa comissão curricular numa escola.

TRÊS TIPOS DE HUMILDADE – O EXEMPLO DE UMA EQUIPE CIRÚRGICA

Vamos avaliar esses três tipos de humildade no contexto de um hipotético centro cirúrgico de um hospital britânico no qual está ocorrendo uma cirurgia complexa. O cirurgião é o doutor Roderick Brown, filho de Lorde Brown, um respeitado cirurgião sênior que trabalha com a Família Real; o anestesista é o doutor Yoshi Tanaka, recém-chegado do Japão em virtude de uma bolsa de residência médica; a enfermeira cirúrgica é Amy Grant, uma americana que trabalha no Reino Unido porque o marido tem um emprego lá; e o técnico cirúrgico é Jack Swift, que vem de um bairro pobre de Londres e que provavelmente chegou o mais alto que poderia chegar no hospital.[3]

Todos os membros da equipe sentiriam alguma *humildade básica* com relação ao cirurgião, o doutor Brown, exceto Amy, talvez, que não tem nenhuma deferência em relação à estrutura de classes britânica. Tanto Amy quanto o doutor Tanaka sentiriam uma *humildade opcional* com relação ao doutor Brown porque podem ver com que destreza ele manuseia os instrumentos cirúrgicos. É provável que Jack sinta essa *humildade opcional* com relação a todos os outros na sala. Do que nenhum deles tem consciência de fato é de que são *interdependentes* e que terão, portanto, de experimentar, vez ou outra, a HUMILDADE AQUI E AGORA com relação a cada um dos outros.

O doutor Brown, cirurgião sênior, pode saber de forma tácita, mas sem necessariamente reconhecer abertamente, que também depende dos outros três profissionais. Pode ocorrer uma situação na qual ele necessite de informação ou auxílio dos outros presentes na sala e que têm um *status* inferior ao seu. No contexto da tarefa a ser desempenhada, surgirão situações em que uma pessoa de *status* mais elevado no âmbito ocupacional ficará por um tempo com um *status* mais baixo em virtude de ser dependente; portanto, ele deveria mostrar uma HUMILDADE AQUI E AGORA para garantir um desempenho melhor e um resultado mais seguro para o paciente.

A pessoa de *status* mais elevado com frequência nega ou justifica esse tipo de dependência explicando que "estou, afinal, trabalhando com profissionais". Isso implica que todos são competentes, que estão comprometidos com as metas de valor supremo de curar o paciente e que aceitam seus papéis e *status* relativos na sala. Implica que não se sentem humilhados com ordens que lhes são dadas aos berros ou por exigirem sua ajuda. Também é comum que o "profissionalismo" deles presuma que não humilharão a pessoa de *status* mais elevado fazendo críticas ou oferecendo ajuda, a menos que sejam solicitados a fazê-lo. Fica, então, a cargo da pessoa de *status* mais elevado o fardo de pedir ajuda e *criar o clima que permite que a ajuda seja dada.*

Dificuldade situacional ou surpresa. Se as coisas correrem bem, talvez não surjam problemas relacionados a *status* e comunicação aberta. Mas e se algo der errado ou ocorrer algum imprevisto? Por exemplo, se o doutor Tanaka estiver prestes a cometer um grave erro com o anestésico e a enfermeira, Amy, perceber, o que ela deve fazer? Deve se manifestar? E quais são as consequências de sua manifestação sobre o problema? Sendo americana, poderia apenas falar sem pensar e correr o risco de ver o doutor Tanaka ficar de fato humilhado ao ser corrigido por uma enfermeira de *status* inferior – uma mulher e uma americana.

Se fosse feito pelo doutor Brown, o comentário corretivo poderia ser embaraçoso, mas seria aceito porque o superior hierárquico pode legitimamente corrigir a pessoa de posição menos elevada. O doutor Tanaka poderia na verdade agradecer. Jack poderia ter percebido o erro potencial, mas não se sentiria em absoluto autorizado a se manifestar. Se Amy ou o técnico cometessem o erro, poderiam ser repreendidos aos berros e afastados da equipe porque, do ponto de vista do médico sênior, poderiam ser substituídos facilmente por gente mais competente.

E se o doutor Brown estivesse prestes a cometer um erro, alguém o alertaria? O doutor Tanaka aprendeu em sua cultura que *nunca* se deve corrigir um superior. Isso pode chegar a ponto de encobrir o erro de um cirurgião para proteger o prestígio do superior e a profissão. Amy viveria um conflito e poderia falar ou não, dependendo de quanto se sentisse psicologicamente segura na situação. A segurança poderia estar baseada na história de comunicação e relacionamento que teve com o doutor Brown e outros cirurgiões do sexo masculino em sua carreira passada. Poderia não saber se o doutor Brown se sentiria humilhado por uma enfermeira lhe fazer um comentário ou uma pergunta corretiva. E, como na maioria das culturas a humilhação deve ser evitada, lhe seria difícil falar a menos que ela e o doutor Brown tivessem construído um relacionamento em que ela se sentisse segura para fazê-lo.

Jack com certeza não falaria, mas poderia contar mais tarde histórias terríveis sobre o doutor Brown a seus colegas técnicos se da cirurgia resultasse algum erro e o paciente ficasse com alguma sequela ou morresse em consequência disso. Se o incidente levasse mais tarde a uma sindicância oficial, Jack e o doutor Tanaka poderiam ser chamados como testemunhas. Poderiam ser interrogados sobre o que tinham observado e teriam de mentir ou, se admitissem ter visto o erro, poderiam ser criticados por não ter feito nada na época.

Tudo isso resultaria do fato de o doutor Brown (o líder) subestimar as normas culturais sobre a possibilidade de alguém se manifestar por meio das fronteiras de *status* e nada fazer para alterar essas normas dentro de sua equipe cirúrgica. O que falta nesse cenário, e com frequência falta em todo tipo de tarefas complexas interdependentes, é um mecanismo social que ignore as barreiras à comunicação por intermédio de áreas de *status*, em que a humilhação é uma possibilidade cultural. Construir esse mecanismo social – um relacionamento que facilite a comunicação relevante, voltada para a tarefa, franca através de fronteiras de *status* – requer que os líderes aprendam a arte da INDAGAÇÃO HUMILDE. A parte mais difícil desse aprendizado para pessoas na posição de *status* mais elevado é ser HUMILDE AQUI E AGORA, é perceber que, em muitas situações, *se é de fato dependente de subordinados e de outros membros da equipe de* status *mais baixo.*

É difícil compreender esse tipo de humildade porque nas culturas orientadas para a realização, em que o conhecimento e sua exibição são admirados, ser HUMILDE AQUI E AGORA implica em perda de *status*. Contudo esse é precisamente o tipo de humildade que será cada vez mais necessário aos líderes, gerentes e profissionais de todo tipo, pois eles se defrontarão cada vez mais com tarefas em que a interdependência mútua é a condição básica, o que pode às vezes requerer que os líderes perguntem à sua equipe: "Estou agindo de modo correto? Digam se estou fazendo algo errado". O aprendizado é ainda mais difícil quando alguns membros da equipe vêm de culturas tradicionais, em que áreas arbitrárias de *status* não devem ser ignoradas e o fracasso na tarefa é preferível à humilhação e à perda de prestígio.

O que levaria o doutor Tanaka, Amy e até mesmo Jack a confrontar o doutor Brown quando ele estivesse prestes a cometer um erro? Esforços para definir objetivos comuns, a exigência de procedimentos como listas de controle e treinamento padronizado são necessários, mas não suficientes porque, numa situação nova e ambígua, os membros da equipe podem recuar para as suas próprias regras culturais e fazer coisas imprevisíveis. Um líder de qualquer equipe multicultural que quisesse de fato assegurar uma comunicação aberta relativa à tarefa usaria a INDAGAÇÃO HUMILDE para primeiro construir um relacionamento com os outros que os fizesse se sentir psicologicamente seguros e capazes de superar o conflito que podem vivenciar entre seus deveres e um senso de deferência definido no âmbito cultural e profissional.

O que é indagação?

Ao definir o que significa *humildade* nesta análise da INDAGAÇÃO HUMILDE, precisamos perguntar agora o que significa *indagação*? Indagação é também um conceito complexo. Perguntar é tanto uma ciência quanto uma arte. Perguntadores profissionais, como pesquisadores de opinião pública, vêm há décadas realizando estudos sobre como fazer uma pergunta para obter o tipo de informação que se quer alcançar. Terapeutas, advogados e consultores eficientes têm refinado ao máximo a arte de perguntar. Contudo a maioria de nós não tem refletido sobre como as perguntas deveriam ser feitas no contexto da vida diária, das conversas comuns e, ainda mais importante, da execução de tarefas. Quando adicionamos a questão de fazer perguntas cruzando fronteiras culturais e de *status*, as coisas se tornam de fato muito confusas.

O que perguntamos, como perguntamos, onde perguntamos e quando perguntamos, tudo isso importa. Mas a essência da INDAGAÇÃO HUMILDE ultrapassa o mero questionamento aberto. O tipo de indagação sobre o qual estou falando deriva de uma *atitude de interesse e curiosidade*. Implica uma vontade de construir um relacionamento que levará à comunicação mais aberta. Também implica que a pessoa se torna vulnerável e, assim, provoca na outra pessoa um comportamento positivo de ajuda. Essa atitude se reflete numa variedade de comportamentos que vai além das perguntas específicas que fazemos. Às vezes, exibimos por meio da linguagem corporal e do silêncio uma curiosidade e um nível de interesse que fazem a outra pessoa falar mesmo quando ainda não dissemos nada.

Sentimentos de HUMILDADE AQUI E AGORA são, em sua maior parte, a base da curiosidade e do interesse. Se eu acho que tenho alguma coisa a aprender com você ou quero que me fale sobre algumas de suas experiências ou de seus sentimentos porque me importo com você ou preciso de alguma coisa de você para cumprir uma tarefa, isso me torna dependente e vulnerável por determinado tempo. É precisamente minha subordinação temporária que cria segurança psicológica para você e, portanto, aumenta as chances de que me diga o que preciso saber e me ajude a concluir o trabalho. Se você explora a situação e mente para mim ou tira vantagem de mim me vendendo algo de que não preciso ou me dando um mau conselho, aprenderei a evitá-lo no futuro ou vou puni-lo se for o seu chefe. Se você me diz o que preciso saber e me ajuda, começamos a construir um relacionamento positivo.

Indagar, nesse contexto, indica que você faz perguntas. Mas não qualquer velha pergunta. O dilema na cultura dos Estados Unidos é que de fato não distinguimos, com suficiente cuidado, o que estou definindo como INDAGAÇÃO HUMILDE de perguntas *capciosas*, *retóricas*, *embaraçosas* ou declarações na forma de perguntas – como os jornalistas parecem adorar – que são deliberadamente provocadoras e têm a intenção de derrubá-lo. Se líderes, gerentes e profissionais de toda espécie quiserem compreender a INDAGAÇÃO HUMILDE, terão de aprender a diferenciar com cuidado entre as possíveis perguntas a formular e fazer opções que construam o relacionamento. A maneira como isso é feito vai variar de acordo com o ambiente, a tarefa e as circunstâncias locais; como veremos nos próximos capítulos.

No capítulo seguinte, quero primeiro fornecer uma ampla gama de exemplos de INDAGAÇÃO HUMILDE para deixar claro o que pretendo dizer com isso e demonstrar como, de acordo com a situação e o contexto, o comportamento pode ser variado.

PERGUNTAS PARA O LEITOR

- Pense em diferentes pessoas que você admira e respeita. Qual é o tipo de humildade que sente em cada caso?
- Pense em tarefas que requerem colaboração. De que modo você é dependente de outra pessoa?
- Procure identificar a HUMILDADE AQUI E AGORA temporária e refletir sobre ela. Ela é exigida de cada um de nós quando ajudamos um ao outro.
- Será que vocês podem falar um com o outro sobre esse tipo de humildade da próxima vez que discutirem uma tarefa coletiva? Se você acha que não, por que não?

- Pense agora em você mesmo em sua vida diária com os amigos e a família. Reflita sobre o tipo de pergunta que costuma fazer numa conversa comum e em situações de trabalho. Elas são diferentes? Por quê?
- Qual foi a coisa mais importante que aprendeu a respeito de como fazer perguntas?
- Agora reserve alguns minutos para refletir tranquilamente sobre o que aprendeu em geral até aqui.

2
Indagação humilde na prática – Estudos de caso

Neste capítulo apresento uma ampla variedade de exemplos, do mundano ao profundo, para ilustrar que não há fórmula absoluta para a INDAGAÇÃO HUMILDE. Lembre-se: INDAGAÇÃO HUMILDE é *a habilidade e a arte de fazer com que a outra pessoa seja franca com você, fazendo a ela as perguntas certas para obter as informações de que precisa para cultivarem um relacionamento positivo baseado na confiança e no interesse sincero.*

É uma atitude refletida numa variedade de comportamentos que são adequados a uma determinada situação.

Muitos dos exemplos não envolvem interdependência real, mas demonstram a importância de construir relacionamentos tais que, quando nos virmos numa situação de interdependência, a outra parte confiará o bastante em nós a ponto de ser sincera e prestativa. Em última análise, o objetivo da INDAGAÇÃO HUMILDE é construir relacionamentos que proporcionem confiança, o que por sua vez leva a uma melhor forma de comunicação e colaboração.

1. Levando Mary para tomar um chá

(Uma oportunidade perdida de INDAGAÇÃO HUMILDE)

Eu havia chegado a Cambridge com minha noiva e estava me preparando para lecionar psicologia social para os estudantes do primeiro ano do curso de mestrado em administração. Eu passava a maioria das noites totalmente absorvido no preparo das aulas, pois estava muito preocupado com o meu desempenho como professor.

Mary perguntou várias vezes se eu poderia fazer uma pausa e, quem sabe, sair com ela para tomar um chá, ao que eu respondia que lamentava, pois tinha de terminar de preparar a aula.

Ao relembrar esta cena, fico triste, me sinto arrependido e um pouco envergonhado. O que eu deveria ter feito? Sou muito atencioso e gostaria de ser útil, mas também queria terminar de preparar as aulas. Sair para um chá teria me causado um transtorno muito grande. Refletindo hoje sobre esse acontecimento, percebo que havia três opções.

Opção 1: Mantendo minha opinião, digo num tom gentil, mas firme: "Desculpe, não posso ir agora" – e continuo a trabalhar na aula. Foi o que fiz e agora lamento.

Problemas com esta opção:

- Fez Mary se sentir humilhada, achando que meu trabalho era mais importante que ela.
- Talvez Mary estivesse precisando discutir um problema e quisesse ouvir minha opinião; nesse caso, eu não teria ficado a par de nada e, portanto, não teria ajudado.
- Eu me senti culpado e envergonhado.
- Desenvolvi certo ressentimento porque me senti culpado ou envergonhado.

Opção 2: Ceder e sair com Mary para o chá.

Problemas com esta opção:

- Eu poderia sair fisicamente para o chá, mas não psicologicamente, portanto a situação seria tensa, desconfortável e insatisfatória para nós dois.
- Eu poderia gostar, mas teria de trabalhar mais tarde, o que criaria novos problemas.
- Eu poderia me ressentir da situação e de alguma maneira punir inconscientemente Mary.
- Eu poderia desenvolver uma imagem de Mary como "reclamona".
- Talvez Mary não quisesse fazer uma pausa para o chá, mas apenas precisasse falar alguma coisa comigo e tivesse usado o chá como pretexto.
- Mary poderia se sentir culpada por me interromper.

Opção 3: INDAGAÇÃO HUMILDE. Demonstrar empatia, sentar por um instante com Mary e lhe dar total atenção. Perguntar de modo cordial e atento o que ela tinha em mente e sugerir um minuto de conversa. Em retrospecto, vejo que é isso que eu deveria ter feito.

Por que esta opção?

- Ao perguntar de modo sério, eu estaria respeitando o relacionamento, respeitando sua necessidade de atenção e evitando o confronto.

- Eu poderia ter a chance de descobrir se ela só precisava de um tempo, se precisava sair da casa ou precisava falar comigo sobre algum assunto importante.

- Eu então teria obtido a informação para decidir se, naquele momento, o mais importante era minha aula ou a necessidade de Mary, e poderia ter tomado a decisão adequada.

- Poderíamos então decidir, *juntos*, se deveríamos sair logo para o chá, conversar rápido, sair para o chá mais tarde, conversar mais tarde etc. Teria sido esse o próximo passo apropriado, e isso teria contribuído para construir o relacionamento.

- Eu poderia ter a oportunidade de compartilhar minha preocupação em relação às aulas que teria pela frente e possibilitado que Mary adquirisse certa empatia por minha situação e oferecesse ajuda.

- Eu sentiria então que valeria a pena fazer uma pausa, mesmo se ela me fizesse perder algum tempo de trabalho.

O QUE APRENDI

- Quando a opção for entre *você* ou *eu*, procure um meio de explorar *os dois*, a relação em si.
- Faça uma pergunta sincera para obter a informação de que precisa (uma pergunta cuja resposta não seja apenas um sim ou um não).
- Quando alguém está ocupado demais com as coisas que tem a fazer, mas quer mostrar uma atitude atenciosa, o que com frequência funciona melhor é uma *pequena mudança* no comportamento, não uma revisão total do relacionamento.
- Uma pequena mudança permite uma *breve* interrupção para obter mais informação antes de tomar uma grande decisão.
- A pequena mudança deve inspirar uma solução *conjunta* do problema.
- Pequenas mudanças *agora* evitam a necessidade de grandes mudanças *mais tarde*.
- A INDAGAÇÃO HUMILDE teria possibilitado uma pequena mudança.

2. Diminuindo o custo da conta de telefone do departamento

(Usando a INDAGAÇÃO HUMILDE para obter ajuda dos subordinados)

Quando assumi a cátedra do meu departamento de quinze professores, recebi um comunicado do reitor informando que nossa conta telefônica estava a caminho de se tornar inviável. Fui *informado* de que deveria descobrir qual era o problema e reduzir os custos com a conta telefônica. Recebi um pacote de informação que fornecia uma lista de todas as chamadas feitas por cada membro da faculdade, presumivelmente para me ajudar a localizar as pessoas que causavam problemas e colocá-las na linha. Minha tarefa, então, era identificar que forma de indagação daria o melhor resultado para solucionar o problema.

Opção 1: Examinar a lista de chamadas telefônicas com cada professor e descobrir quais eram justificáveis e quais não eram.

Problemas com esta opção:

- Isso envolveria *dizer* às pessoas que elas tinham um problema de excesso de gastos e exigir uma explicação detalhada.

- Esta opção ofenderia as pessoas, as colocaria na defensiva e, sem dúvida, reduziria as chances de descobrir o que estava de fato acontecendo.

Opção 2: Examinar a lista sozinho, identificar os casos que me parecessem irregulares e chamar de modo seletivo os membros da faculdade para esclarecimentos.

Problemas com esta opção:

- Esta opção consumiria muito tempo.
- Eu continuaria correndo o risco de colocar as pessoas na defensiva.
- Meu relacionamento com os membros da faculdade seria prejudicado.

Opção 3: INDAGAÇÃO HUMILDE. Manter o foco no objetivo de reduzir o valor da conta telefônica sem prejudicar meu relacionamento com a faculdade. Para *mim*, saber quem tinha exagerado nos gastos e por quê não era de fato importante. Para implementar esta opção, pedi que minha secretária enviasse a cada membro da faculdade sua própria lista de chamadas acompanhada de um memorando informando que o reitor havia comunicado que nossos custos com as chamadas telefônicas eram excessivos. O memorando *pedia* a cada membro da faculdade 1) que examinasse sua própria lista de chamadas para 2) determinar se ele tinha feito chamadas indevidas e 3) para monitorar isso no futuro. Deixei claro que não estava interessado em examinar a lista de cada um e que acreditava que cada membro da faculdade examinaria e corrigiria o uso do telefone em sua sala. Embora isso fosse bastante impositivo, eu estava, de fato, pedindo que me ajudassem a resolver o problema de excesso de gastos com chamadas telefônicas apresentado pelo reitor.

O importante foi perceber que eu dependia deles para obter a informação de que precisava e imaginar que modo de questionamento produziria o melhor resultado para solucionar o problema, destacando, ao mesmo tempo, o nível de confiança entre mim e a faculdade, em vez de me arriscar a ofendê-los e, portanto, reduzir esse nível de confiança. A ofensa poderia ter se concretizado de fato se cada membro da faculdade achasse que eu estava examinando individualmente todas as suas chamadas telefônicas.

Por que esta opção?

- Porque demonstra minha confiança nos membros da faculdade para examinar e corrigir por conta própria o uso do telefone, em vez de me arriscar a ofendê-los e, portanto, reduzir o nível de confiança.
- Eu estava, de fato, *pedindo* que me ajudassem a resolver o problema do alto custo da conta telefônica da reitoria.

O QUE APRENDI

- Que tinha de refletir meticulosamente sobre o que estava tentando fazer de fato no papel de supervisor antes de partir para a ação.
- Que tinha de aceitar que dependia dos outros para obter a informação de que precisava e ser HUMILDE

AQUI E AGORA, isto é, pedir ajuda à faculdade em vez de lhes dizer o que fazer.

- Que tinha de entender que tipo de pergunta na verdade forneceria a resposta que precisava e, ainda mais importante, como fazer essa pergunta – nesse caso, por intermédio de um memorando que também informava às pessoas que eu não estava interessado em informação individual.

O método que acabei aplicando fez com que vários membros da faculdade me informassem como haviam descoberto que alguns estudantes de pós-graduação tinham feito todo tipo de interurbano indevido na conta do departamento. Fiquei satisfeito com o fato de eles virem até mim para contar o que estavam fazendo, em vez de eu ter de questioná-los sobre o assunto.

3. Um CEO faz uma pergunta difícil

Num encontro de altos executivos com o objetivo de discutir planos de sucessão para algumas posições de destaque, ocorreu a seguinte conversa:

> **Chefe de RH:** "Acho que um de nossos melhores candidatos a ser posto na linha de sucessão para ocupar o cargo de CEO depois da sua (do atual CEO) aposentadoria é Joe. Ele teve boa experiência internacional e só precisa de mais alguns anos na sede de Nova York para ver como todo o sistema funciona".

Um membro da equipe de desenvolvimento gerencial: "Conversei há pouco tempo com o Joe e fiquei sabendo que ele tem filhos jovens e que pretende educá-los na Alemanha. Por isso vem fazendo *lobby* para ser transferido para a subsidiária alemã, onde gostaria de passar os próximos cinco anos. Está bem inflexível sobre o retorno à Alemanha. Sei que não quer ficar aqui".

CEO: "Isso realmente pode ser um problema porque ele de fato precisará da experiência aqui, em Nova York, se quiser ser um potencial CEO".

RH: "Acho, então, que devíamos tirá-lo da linha de sucessão".

CEO: "Deixe que eu fale com ele antes de fazermos isso".

O fato de que o CEO o intimidaria para que ficasse e se arriscaria a ter um subordinado bastante infeliz desencadeou minhas preocupações. Então eu me manifestei.

Ed: "Se ele tem deixado claro que quer ir para a Alemanha em sua próxima designação, não deveríamos respeitar essa vontade?" (INDAGAÇÃO HUMILDE)

CEO: "Ed, tenho de falar com ele porque lhe devemos uma exposição completa da situação. Não vou tentar convencê-lo ou usar táticas de poder, mas acho que preciso dizer que, se ele não ficar em Nova York, vamos ter de tirá-lo da linha de sucessão. É uma parte da informação que devemos a ele. Não seria justo tirá-lo da linha de sucessão sem lhe comunicar. Ele então pode decidir como equilibrar o trabalho e as prioridades da família. Por exemplo, pode permitir que a família retorne e passar com ela os fins de semana ou encontrar alguma outra forma de se adaptar. Mas precisa saber a realidade da situação, que é o que tenho para lhe dizer antes de perguntar o que quer fazer". (INDAGAÇÃO HUMILDE)

Opção 1: Tirar Joe da linha de sucessão.

Problemas com esta opção:

- Teriam de encontrar outro candidato viável para o cargo.
- Joe pode ser a pessoa mais indicada para o trabalho, mas não lhe seria dada essa chance.

Opção 2: Dar a Joe a informação completa e perguntar (INDAGAÇÃO HUMILDE) o que ele quer fazer. Deixar que Joe decida como equilibrar o trabalho e as prioridades da família.

Por que esta opção?

- Embora exista a chance de que o CEO acabe pressionando Joe a ficar e se arrisque a ter um subordinado infeliz, Joe merece saber a verdade: se não ficar em Nova York, será excluído da linha de sucessão.

- Joe pode encontrar uma solução viável, como transferir a família para a Alemanha e trabalhar em Nova York.
- Isso exige que Joe tome uma decisão (INDAGAÇÃO HUMILDE), em vez de tomarem a decisão por ele.

O QUE APRENDI

- Tirar pessoas da linha de sucessão sem lhes comunicar o por quê é demonstrar menos respeito e ser mais autoritário do que se fazer vulnerável ao iniciar uma conversa.
- Que eu podia cair facilmente na armadilha de resolver, isto é, tomar a decisão por Joe e deixar de perguntar, sendo que perguntar seria mais apropriado.

4. Lanço uma nova força-tarefa

e uso a INDAGAÇÃO HUMILDE para conseguir um compromisso

Eu fazia parte da diretoria de uma organização ambiental local que queria lançar uma campanha para angariar fundos.

A diretora executiva, Joan, e o comitê executivo da diretoria me pediram para presidir uma força-tarefa cujo trabalho seria avaliar se a diretoria estava emocionalmente apta para lançar uma campanha financeira. Pedimos aos oito membros mais ativos da diretoria que se juntassem à força-tarefa. O próximo passo era nos reunir para decidir o que fazer.

Joan já havia participado, há dez anos, de uma campanha financeira e achava que muitos erros tinham sido cometidos. Propôs expor ao grupo, no início da reunião, os erros da campanha anterior.

Opção 1: Iniciar a reunião *revelando* ao grupo os erros anteriores para ajudá-los a evitar tomar direções erradas.

Problemas com esta opção:

- *Revelar* qualquer coisa ao grupo concentraria a atenção em Joan e em mim, não em nós como grupo.
- Iniciar a reunião com problemas potenciais traria um viés negativo para a campanha financeira.
- Alguns membros estiveram envolvidos na campanha anterior e poderiam adotar uma posição defensiva.

Opção 2: Iniciar com um encontro informal para jantar e começar a construir um relacionamento com os membros do grupo *fazendo* a cada pessoa a pergunta: "Antes de qualquer coisa, por que cada um de vocês faz parte dessa organização?" (INDAGAÇÃO HUMILDE). Fazer com que cada membro ao redor da mesa responda à pergunta sem interrupções, perguntas ou comentários até que todos os dez tenham falado. Foi o que fizemos com grande sucesso, na medida em que a maioria da equipe foi muito positiva e se mostrou entusiasmada com a organização e seu futuro.

Por que esta opção?

- As regras e a natureza da pergunta criam uma atmosfera de indagação e enfatizam sentimentos positivos pela organização.
- Ela permite que cada pessoa fale abertamente sobre a organização, esclarecendo desde o início se haveria entusiasmo e energia suficientes para lançar a campanha financeira.
- O fato de cada membro responder às perguntas constrói um senso de responsabilidade compartilhada e unifica o grupo.

O QUE APRENDI

- Quando uma pergunta é feita num contexto de *grupo*, é importante impor uma regra para que todos consigam responder à pergunta antes que a discussão generalizada seja permitida.
- Uma pergunta deve extrair informação e sentimentos importantes para a missão do grupo.
- É de fato fundamental começar o encontro com todos falando com sinceridade antes que qualquer interação seja permitida.
- Quem preside a reunião deve controlar o processo, não o conteúdo.

Os próximos quatro exemplos ilustram um uso mais espontâneo da INDAGAÇÃO HUMILDE e mostram como ela pode ter efeitos poderosos e, com frequência, imprevistos.

5. Dando orientações

Minha casa ficava numa rua que tinha saída direta para a principal via expressa de Boston. Eu estava no jardim da frente da casa quando uma mulher ao volante de um carro me perguntou se eu sabia como chegar à Massachusetts Avenue. Para isso, seria preciso fazer o retorno e recuar vários quarteirões. Perguntei: "Para onde você está querendo ir?" (INDAGAÇÃO HUMILDE). Ela respondeu que estava querendo ir para o centro de Boston. Como ela já estava na via expressa em direção a Boston, disse para apenas continuar seguindo a estrada em que estava. Até hoje me pergunto o que teria acontecido a ela se eu tivesse dito como chegar à Massachusetts Avenue.

O QUE APRENDI

- Não vá logo dando as respostas antes de entender o que a outra pessoa precisa saber de fato.
- Não presuma que a pessoa que pergunta fez a pergunta da maneira correta.

6. Iniciando uma mudança na cultura

(um inesperado sucesso de consultoria)

Este estudo de caso é um exemplo de como uma inocente INDAGAÇÃO HUMILDE pode iniciar um processo de mudança.

O CEO de uma companhia de energia elétrica quis que eu o ajudasse a lançar um projeto de mudança de cultura porque sentia que a organização estava atolada num velho e obsoleto conjunto de práticas e normas. Poderia eu fazer um diagnóstico e propor medidas para a mudança? Como não sabia muita coisa sobre a organização, nem sobre as percepções ou motivações do CEO, perguntei se ele não se importaria de me visitar primeiro para definir o problema (INDAGAÇÃO HUMILDE). Eu estava muito curioso em relação às suas motivações e não queria me envolver numa visita antes de saber o que ele queria.

Ele, seu COO – diretor de operações – e o chefe de desenvolvimento organizacional concluíram que era uma boa ideia e concordaram em passar meio dia comigo em minha casa. Quando nos sentamos no jardim, adotei uma atitude indagadora (INDAGAÇÃO HUMILDE) e esperei que me dissessem o que tinham em mente. Eles desandaram a fazer uma série de declarações gerais sobre como aquela velha empresa tinha uma cultura inalterável e decepcionante. Meu interesse e minha curiosidade aumentaram, mas eu não conseguia captar o sentido do que estavam falando porque tudo era muito generalizado. Eu estava me sentindo *ignorante* em relação ao que pretendiam dizer com *atado* e *imutável*. Ao me sentir assim, levei em conta que um dos melhores gêneros de INDAGAÇÃO HUMILDE é simplesmente *pedir um exemplo*, e foi o que fiz.

O COO disparou o seguinte: "Ontem mesmo tive uma das reuniões regulares de meu grupo com quinze membros da equipe de liderança. Eles *sempre se sentam nas mesmas cadeiras* em volta de uma mesa imensa. Ontem, havia apenas cinco pessoas na reunião, e *elas de novo se sentaram nas mesmas cadeiras*, embora isso as deixasse dispersas por toda a sala. Era de fato um absurdo... Você entende o que estamos enfrentando?".

Ele então me olhou com um ar de expectativa, presumivelmente esperando um sinal afirmativo de apoio. Eu tinha, no entanto, muitas opções de como reagir. (Você deve perguntar a si mesmo o que poderia ter dito nesse momento.) De maneira espontânea – porque estava de fato curioso –, perguntei: "O que você fez?". (INDAGAÇÃO HUMILDE)

Ele disse: "Não fiz nada". (oportunidade perdida)

E nesse momento uma enorme lâmpada acendeu em sua cabeça e na cabeça do CEO e do vice-presidente e chefe de desenvolvimento organizacional. Minha pergunta inocente revelou que, fossem quais fossem os problemas que estivessem enfrentando com a falta de criatividade em sua cultura, esses problemas eram suportados e reforçados pela própria inação deles. Nas duas horas seguintes, nós quatro investigamos todos os meios pelos quais compactuavam com a manutenção daquilo de que estavam se queixando e como poderiam mudar seu comportamento. No ano seguinte, foram capazes de fazer a maioria das mudanças de cultura que almejavam; todas desencadeadas pela reformulação de seus próprios papéis graças à minha pergunta humilde. O que o COO poderia ter feito naquele momento? Uma INDAGAÇÃO HUMILDE de sua parte teria sido dizer ao grupo num tom curioso e não punitivo: "Por que estão se sentando tão longe?".

O QUE APRENDI

- Pedir exemplos não só é uma das formas mais vigorosas de demonstrar curiosidade, interesse e preocupação, mas também – e isso é ainda mais importante – esclarece as declarações gerais.
- Uma pergunta oportuna e aberta é às vezes tudo que se precisa para dar início à efetiva solução de um problema.

7. Um problema de definição de trabalho
(o poder da ignorância)

Eu estava trabalhando com a Shell Austrália e fui convidado para almoçar com a alta administração. Durante o almoço, o CEO informou que o vice-presidente de administração estava deixando a empresa e me perguntou se eu não me importava se tratassem de um pequeno assunto de trabalho durante o almoço e lançou o problema anunciando que

Peter, o principal candidato para o cargo, parecia perfeito para ser promovido; então ele perguntou o que eles achavam. Vários vice-presidentes se mostraram muito hesitantes com relação a Peter. Falaram sobre seus pontos fortes, mas ainda assim continuavam a se sentir pouco à vontade em relação a ele. Todos estavam *dizendo* por que Peter não era adequado para o cargo.

Observei aquilo por algum tempo e fiquei confuso porque eles pareciam gostar de Peter, mas não conseguiam decidir se lhe davam ou não o cargo. Também fiquei curioso para saber qual o papel desempenhado pelo vice-presidente de administração na empresa e perguntei: "O que o vice-presidente de administração faz?". (INDAGAÇÃO HUMILDE)

Ganhei alguns sorrisos de condescendência, mas deciram tirar um tempinho para responder à minha pergunta: "Cuida das finanças, da contabilidade, do pessoal, do planejamento em longo prazo e das relações públicas...".

Nesse momento um dos vice-presidentes disse que era em relações públicas que Peter tinha problemas – era muito eficaz dentro da empresa, mas não no exterior. Todos concordaram de imediato que era por essa razão que se mostravam hesitantes em lhe dar o cargo.

E então um deles perguntou: "As relações públicas têm de fazer parte do cargo? Será que ter um vice-presidente só para a área de relações públicas vai se tornar uma grande discussão na Austrália, com todos os novos problemas ambientais?" (INDAGAÇÃO HUMILDE mais sugestão). O grupo concordou de imediato em separar a área de relações públicas e depois também concordou que Peter era perfeito para as outras funções. Problema resolvido.

O QUE APRENDI

- Aproveitar sua ignorância ou permitir que a curiosidade o conduza é muitas vezes o melhor guia sobre o que perguntar.
- Mais uma vez, pedir um exemplo (o que faz o vice-presidente de administração?) mostrou ser fundamental para a solução do problema.

8. O oncologista solidário
(fornecendo opções)

Quando minha esposa Mary, então na faixa dos 50 anos, teve seu primeiro acometimento de câncer de mama, fomos mandados para um oncologista que de imediato demonstrou ter total interesse por sua personalidade e condições de vida por meio da linguagem corporal (extrema atenção e olho no olho) e do longo tempo que passou fazendo perguntas, sempre reagindo de forma compreensiva (atitude de INDAGAÇÃO HUMILDE). Fez várias perguntas gerais e pessoais antes de se dar por satisfeito quanto aos problemas médicos relacionados. Minha esposa se sentiu respeitada como um ser humano pleno e, portanto, teve mais disposição para expressar suas preocupações em relação ao tratamento.

Quando chegou o momento de elaborar o tratamento, ele nos disse que havia várias combinações possíveis de quimioterapia com radiação e que era igualmente provável que fossem benéficas, deixando bem claro o que poderia funcionar melhor para nós (INDAGAÇÃO HUMILDE). Ele perguntou quais eram nossos planos de viagem para o próximo ano. Mencionamos algumas viagens longas que estavam programadas e o fato de passarmos os meses de inverno na Califórnia. Ele nos disse que não deveríamos alterar nenhum dos nossos planos e que, independentemente de qual fosse o tratamento prescrito, ele poderia ser agendado no espaço entre nossas viagens e também poderia ser cumprido na Califórnia.

O que mais nos impressionou foi o fato de ele ter nos perguntado sobre nossas outras prioridades de vida, o que fez Mary sentir que podia confiar totalmente nele. Isso aumentou sua motivação para aceitar as prescrições e de fato se empenhar no tratamento. Mary entrou em remissão por dez anos, mas outro câncer surgiu e era muito importante para ela ter o mesmo oncologista. Como ele estava disponível, tudo correu bem nessa época. Depois de outros quinze anos de remissão, o câncer voltou. Dessa vez, já não pudemos contar com o mesmo oncologista e logo ficou claro que o novo médico seguia uma orientação mais técnica e estava muito menos interessado em como o tratamento se ajustaria ao nosso modo de vida. O que resultou em muito mais ansiedade e preocupação por parte de Mary e nos levou a buscar uma segunda opinião e a procurar outro médico, que foi de novo mais pessoal e conseguiu deixar Mary mais confortável, embora o prognóstico fosse pior.

O QUE APRENDI

- Ao comparar os médicos, foi surpreendente ver com que rapidez a INDAGAÇÃO HUMILDE criava um relacionamento confortável e com que rapidez sua ausência criava ansiedade e preocupação.
- A INDAGAÇÃO HUMILDE era transmitida por toda a atitude, não apenas pelas perguntas específicas que o médico fazia.
- As perguntas mais importantes para estabelecer o relacionamento eram perguntas pessoais, não técnicas/médicas.

Em resumo

Todos os exemplos apresentados têm a intenção de ilustrar uma atitude ou apresentar perguntas específicas que representam interesse e respeito, perguntas que estimularão para que mais verdades sejam ditas e haja mais colaboração. Quando a qualidade da comunicação melhora, a tarefa é mais bem cumprida. Esses casos também mostram que a INDAGAÇÃO HUMILDE não é uma lista de controle a ser seguida ou um conjunto de perguntas pré-escritas – é um comportamento que deriva de respeito, de curiosidade genuína e da vontade de melhorar a qualidade da conversa, estimulando mais franqueza e o compartilhamento de informações relevantes para a tarefa.

PERGUNTAS PARA O LEITOR

- Pense numa conversa em que você era o subordinado ou tinha um *status* inferior ao de outra pessoa e sentiu-se respeitado e aceito. Você pode identificar o que a outra pessoa fez para que se sentisse dessa maneira?

- Pense numa situação em que você era o chefe ou a pessoa de *status* mais elevado e uma conversa com um subordinado correu muito bem. Pense em outra situação que correu mal. Compare seu comportamento nos dois casos. O que poderia explicar a diferença?

- Agora reserve alguns minutos para refletir tranquilamente sobre o que aprendeu em geral até aqui.

3
Diferenciando a indagação humilde de outras formas de indagação

Uma das melhores maneiras de compreender a INDAGAÇÃO HUMILDE é compará-la a algumas outras formas de indagação. Temos uma tendência a pensar em perguntar ou afirmar como alternativas simples quando, de fato, cada uma tem muitas formas com diferentes consequências. Neste capítulo quero deixar claro como a INDAGAÇÃO HUMILDE difere de alguns outros tipos de indagação que parecem muito semelhantes, mas que na realidade controlam o fluxo da conversa mais do que se poderia desejar em determinada situação.

Quatro formas de indagação

Não basta decidir: "Bem, em vez de sempre *afirmar*, vou ser mais *indagador*", porque há muitas maneiras de indagar. Quando entro numa conversa e tento construir um relacionamento, devo estar consciente das opções que tenho sobre *como* questiono e compreender que certos modos aparentemente muito francos de perguntar são de fato bastante controladores da outra pessoa. Se quisermos mesmo obter a história completa da outra pessoa, teremos de evitar conduzir inadvertidamente a conversa.

Na análise de como ser útil à outra pessoa, distingo quatro maneiras diferentes de indagação de que tal análise poderá tirar proveito:[4]

1) INDAGAÇÃO HUMILDE;
2) indagação diagnóstica;
3) indagação confrontadora;
4) indagação orientada para o processo.

INDAGAÇÃO HUMILDE

A INDAGAÇÃO HUMILDE maximiza minha curiosidade e meu interesse pela outra pessoa e minimiza prevenções e preconceitos em relação à essa pessoa. Quero *aproveitar minha ignorância* e pedir informação sobre o modo menos tendencioso e ameaçador possível. Não quero induzir a outra pessoa ou colocá-la numa posição que a obrigue a dar uma resposta aceitável do ponto de vista social. Quero perguntar de um modo que me leve a descobrir o que a outra pessoa está de fato pensando. Quero que o outro sinta que eu o aceito, que estou interessado nele e realmente curioso por compreender o que se passa em sua mente no que se refere à situação particular em que nos encontramos.

Um exemplo notável é o modo como Ken Olsen, fundador da Digital Equipment Corporation, costumava perambular pela empresa, parar na mesa de um engenheiro e perguntar: "No que você está trabalhando?". O fato de Ken estar sempre realmente interessado fazia com que se estabelecesse uma longa conversa que se tornava satisfatória tanto no âmbito técnico quanto no pessoal. Mesmo quando a empresa tinha mais de 100 mil pessoas espalhadas pelo mundo, Ken era bastante conhecido e amado porque muita gente havia passado por alguma experiência em que ele fora um INDAGADOR HUMILDE. Esse amor era surpreendente em especial pelo fato de Ken também ter a opção de, muitas vezes, ser induzido pelo modo afirmativo e se tornar brutal e tirânico. Consideramos normal que o chefe esteja sempre nos dizendo coisas, contamos com isso; o interesse genuíno por parte do chefe é muito mais raro e muito mais apreciado.

Essa indagação tem de ser sincera? Podemos simular interesse e ganhar crédito como atenciosos se não tivermos o sentimento ou a atitude que a INDAGAÇÃO HUMILDE exige? Nós, seres humanos, somos criaturas muito sensíveis e enviamos muitos sinais dos quais não estamos conscientes (discutirei isso mais adiante, no Capítulo 6). Quando converso com alguns subordinados nas empresas, percebo que o chefe que não é sincero é identificado com muita rapidez e, com frequência, provoca ressentimento. Desconfio, portanto, que, se eu não estiver realmente interessado, a outra pessoa perceberá, por mais que eu elabore minhas perguntas. Isso significa que perguntas de todo tipo – inclusive certo tipo de *afirmativa* – podem ser INDAGAÇÃO HUMILDE se o motivo por trás do comportamento for um interesse sincero. Esse interesse será transmitido por meio da linguagem corporal, do tom de voz, do *timing* e de outras pistas.

Como mostram os exemplos do Capítulo 2, a INDAGAÇÃO HUMILDE ocorre de modo diferente de acordo com a situação. Conversas acontecem sempre dentro de um conjunto de normas culturais, portanto não é conveniente tentar desenvolver categorias padronizadas de perguntas que se qualifiquem ou não como INDAGAÇÃO HUMILDE. Por isso, não importa o que você faça ao tentar indagar com humildade, procure minimizar seus preconceitos, limpar a mente no início da conversa e maximizar sua atenção à medida que a conversa prosseguir. De fato, o elemento mais importante que a outra pessoa irá considerar ao diagnosticar se você está mesmo interessado não é só o que você pergunta, mas com que atenção ouve a resposta. Sua atitude e sua motivação se revelarão nesse momento em suas perguntas e respostas adicionais à medida que a conversa prosseguir.

A maneira como a INDAGAÇÃO HUMILDE se desenrola também depende das suposições que fazem as duas partes a respeito do objetivo da conversa, do seu *status* relativo e do nível de entrosamento entre as pessoas. Se estas se sentem estranhas numa situação neutra, como num coquetel, a própria conversa pode se tornar uma investigação do que cada pessoa espera que a outra conceda e aceite. Se eu prefiro não afirmar, mas abordar o outro na forma de INDAGAÇÃO HUMILDE, devo ficar em silêncio ou começar com algo neutro do tipo: "Olá, meu nome é Ed Schein. Qual é o seu nome?". A dança ritual começa então com uma alternância de afirmativa e concessão. Se eu ficar interessado e optar por continuar no modo de INDAGAÇÃO HUMILDE, enfatizarei as perguntas exploratórias que minimizam minhas afirmações e maximizam a atitude de deixar a outra pessoa contar a sua história do modo menos tendencioso possível.

Exemplos de como dar início à conversa e prosseguir:

"Então..." (com um olhar de expectativa)

"O que está acontecendo?"

"O que está se passando?"

"O que o traz aqui?"

"Continue..."

"Pode me dar um exemplo?"

Do ponto de vista paradoxal, "e aí, como vai?" não se qualifica como INDAGAÇÃO HUMILDE porque está codificado no âmbito cultural para evocar "olá, como vai?". Tenho observado que o único momento em que digo aos outros como *realmente* estou é quando eles dizem algo menos codificado, do tipo "como vão as coisas?", e acrescentam um olhar de expectativa. Em algumas culturas, os participantes sabem quando lhes fazem uma pergunta codificada e sabem dar uma resposta codificada. Todos nós aprendemos muitos tipos de indagações codificadas que não se destinam de fato a obter uma resposta sincera. Isso pode se tornar problemático quando as culturas envolvidas têm papéis diferentes. Em minhas aulas para executivos no MIT, os estudantes americanos às vezes eram sinceros ao convidar colegas japoneses para jantar com um "que tal ir jantar conosco no sábado que vem?". Recebiam um "sim" como resposta, mas viam que ninguém aparecia. Aprendemos que os japoneses estavam programados para responder sim, o que significava "entendi seu convite", mas não significava "sim, eu vou". Aprendemos depois que era necessário e eficiente prosseguir com "por favor, vá até lá em casa... você acha que pode chegar às 6h30?".

Para resumir esses pontos e realçar a diferença entre INDAGAÇÃO HUMILDE e as formas de indagação que discutirei a seguir, afirmo que a INDAGAÇÃO HUMILDE não influencia o conteúdo do que a outra pessoa tem a dizer nem a maneira como isso é dito.

INDAGAÇÃO DIAGNÓSTICA

Um dos desvios mais comuns da INDAGAÇÃO HUMILDE ocorre quando fico curioso a respeito de uma determinada coisa que a outra pessoa está me dizendo e decido me concentrar nela. Não estou *afirmando* com esse tipo de pergunta, mas estou direcionando a conversa e influenciando o processo mental da outra pessoa a seguir caminhos desconhecidos. Isso foi ilustrado no meu exemplo anterior em que eu ofereci orientações quando alguém me perguntou como chegar à Massachusetts Avenue e respondi com a seguinte pergunta: "Para onde você está querendo ir?". Eu estava direcionando a conversa, mas, como a minha ajuda foi solicitada, pensei ainda naquilo como INDAGAÇÃO HUMILDE, embora estivesse correndo o risco de que a outra pessoa dissesse: "Não é da sua conta".

O que diferencia essa forma de indagação é que ela influencia o *processo mental* do outro. Fazendo uma nova pergunta em vez de responder à pergunta original, estou assumindo a direção da conversa e tenho, portanto, de avaliar se isso é conveniente ou não. O ponto principal é saber se o direcionamento segue o interesse da conclusão da tarefa, como foi minha pergunta, ou se está cultivando, de um modo inapropriado, minha curiosidade. Um exemplo de tal cultivo seria eu perguntar: "*Por que* você está querendo ir para a Massachusetts Avenue?".

Essa forma de indagação que influencia o *processo* mental do cliente pode ser ainda classificada de acordo com o foco do diagnóstico de quem pergunta.

1) Sentimentos e reações – perguntas que se concentram nos sentimentos e nas reações dos outros em resposta aos eventos que eles descreveram ou a problemas que foram identificados.

Exemplos:

"Como você se *sentiu* (*sente*) a esse respeito?"
"Isso provocou (provoca) alguma *reação* em você?"
"Qual foi (é) sua *reação* emocional a isso?"

Por mais inocentes e solidárias que essas perguntas possam parecer, elas assumem o controle da situação e forçam os clientes a pensar sobre algo que talvez não tenham considerado. Não considero essas perguntas como INDAGAÇÃO

HUMILDE porque perguntar sobre sentimentos pode ir mais fundo do que o outro está disposto a ir. Perguntar sobre sentimentos é um modo de personalizar o relacionamento, o que pode ou não ser apropriado de acordo com a situação em que você esteja em determinado momento.

2) Causas e motivos – perguntas sobre motivação ou sobre causas que se concentrem nas motivações dos outros em relação a algo de que estejam falando.

Exemplos:

"Por que isso aconteceu?"

"Por que se sentiu (está se sentindo) assim?"

"O que pode ter provocado este...?"

"O que acha que aconteceu?"

Com essas perguntas, estou claramente forçando a outra pessoa a me ajudar a entender o que pode estar acontecendo e estou satisfazendo a minha curiosidade. Se vamos ou não encarar isso como INDAGAÇÃO HUMILDE depende de quanto a indagação e a resposta são relevantes para o cumprimento de nossa tarefa comum.

3) Orientadas para a ação – perguntas que se concentram no que os outros fizeram, estão pensando em fazer ou planejam fazer no futuro.

Se os outros já relataram ações, posso me basear nisso.

No entanto, quando apresentam seus problemas, as pessoas não costumam revelar ações passadas, presentes ou possíveis ações futuras, que talvez eu precise fazer emergir com perguntas.

Exemplos:

"O que você tentou fazer até agora?"

"Como chegou aqui?"

"O que você/ele/ela (eles) *fez* (*fizeram*) a esse respeito?" (em resposta a uma queixa)

"O que você vai *fazer* da próxima vez?"

Perguntas orientadas para a ação impelem claramente ainda mais a outra pessoa para nossa linha de pensamento. Nesse sentido, essas perguntas também influenciam o processo mental do outro e só deviam ser usadas quando achamos justificável exercer tal influência. Por exemplo, no caso do COO cuja equipe líder sempre sentava nas mesmas cadeiras, eu lhe perguntei sem rodeios: "O que você *fez?*". Achei que isso era justificável porque ambos estávamos tentando solucionar o problema de compreender a cultura em que ele estava inserido. Minha atitude de induzi-lo a pensar sobre suas ações foi legitimada pelo fato de que eu estava no papel daquele que ajuda e estávamos trabalhando numa tarefa conjunta.

4) Perguntas sistêmicas – perguntas que constroem uma compreensão da situação total.

As histórias que os outros nos contam sobre si mesmos também costumam envolver outras pessoas: membros da família, amigos, chefes, colegas de trabalho e/ou subordinados. Podemos concluir que é importante para nós e o narrador compreender as reações ou ações de outros que foram mencionados e podemos, portanto, perguntar o que esses outros poderiam estar pensando, sentindo ou fazendo no sistema social do narrador. Essa forma de questionamento será muito poderosa se você e o narrador tiverem concordado em explorar a situação mais a fundo.

Exemplos:

"Então o que ela/ele (eles) *fez* (*fizeram*)?"

"Como você acha que ela se sentiu quando você fez isso?"

"O que você acha que ele vai fazer se você insistir no que disse?"

"Como eles teriam reagido se você tivesse dito como se sentia?"

Esses quatro tipos de pergunta de diagnóstico direcionam o processo mental da pessoa e a ajudam a se tornar mais autoconsciente. Contudo, são ainda perguntas e não sugerem alguma solução particular. Podem ser classificadas como INDAGAÇÃO HUMILDE conforme o contexto em que forem feitas e o estado do relacionamento.

INDAGAÇÃO CONFRONTADORA

A essência da indagação confrontadora está no fato de você agora poder inserir suas *próprias ideias*, mas em forma de pergunta. Quando falamos sobre perguntas retóricas ou perguntas capciosas, estamos reconhecendo que a pergunta é de fato uma forma de afirmativa. A pergunta pode ainda ser baseada em curiosidade ou interesse, mas está agora ligada aos seus próprios interesses. Quero, neste momento, uma informação relacionada a algo que quero fazer ou sobre o que estou pensando.

Quase por definição essa forma de indagar raramente pode ser classificada como INDAGAÇÃO HUMILDE, porque o indagador está se encarregando tanto do processo quanto do conteúdo da conversa. Estamos tacitamente dando conselhos, o que com frequência provoca resistência nos outros e torna mais difícil construir relacionamentos, pois eles têm de explicar ou justificar por que não estão achando algo ou fazendo algo que você propôs.

Perguntas confrontadoras podem se enquadrar nas mesmas categorias de classificação citadas antes.

1) **Sentimentos e reações**
"Isso não o deixou irritado?"
versus
"Como isso fez você se sentir?"

2) **Causas e motivos**
"Você acha que estavam sentados desse jeito porque estavam com medo?"
versus
"Por que você acha que eles estavam sentados desse jeito?"

3) **Orientadas para a ação**
"Por que você não disse alguma coisa ao grupo?"
versus
"O que você fez?"

"Por que não vamos hoje à noite ao cinema?"
versus
"O que vamos fazer hoje à noite?"
"Já pensou em entrar numa dieta?"
versus
"O que está fazendo com relação a seu peso?"

4) **Perguntas sistêmicas**
"Os outros na sala estavam espantados?"
versus
"Como os outros na sala estavam reagindo?"

Perguntas confrontadoras podem ser humildes se nossa motivação estiver focada em sermos úteis e se a confiança que se desenvolveu no relacionamento for suficiente para permitir que o outro se sinta mais ajudado que desafiado. O *timing*, o tom de voz e várias outras pistas transmitem ao ouvinte os nossos motivos. O que tenho julgado mais importante é perguntar a mim mesmo quais são meus motivos antes de fazer uma pergunta confrontadora. Estou me sentindo humilde e curioso ou passei a achar que tenho uma resposta e estou apenas testando se estou certo ou não? Se eu estiver apenas testando meu próprio pensamento, sem dúvida terei me deixado levar para as afirmativas, e não deveria ficar surpreso com a possibilidade de a outra pessoa ficar na defensiva. Quando perguntei "o que você *fez*" ao COO cuja equipe sentava sempre nos mesmos lugares, com certeza eu não fazia a menor ideia do que ele podia ter feito. No entanto nossa cultura de *afirmar* é tão forte que, quando relatei essa história a colegas consultores e perguntei o que teriam dito se estivessem no meu lugar, a maioria deles propôs diferentes sugestões para o COO, em vez da pergunta direta que fiz.

INDAGAÇÃO ORIENTADA PARA O PROCESSO

Uma opção que está sempre à mão é deslocar o foco da conversa para a própria conversa. Se isso conta ou não como INDAGAÇÃO HUMILDE, depende dos motivos da pessoa que desvia o foco. Se eu estiver tentando desenvolver um bom relacionamento e sentir que a conversa está indo na direção errada, posso humildemente recorrer a alguma versão de "o que está acontecendo?" ("tudo bem?", "ofendi vocês?") para investigar o que pode estar errado e verificar como isso pode ser corrigido. Em vez de insistir no conteúdo da conversa, esse tipo de indagação acaba se concentrando na interação aqui e agora. A maneira exata de como ela poderia ser formulada depende muito da situação real, mas sempre deixaria a outra pessoa consciente de que há uma interação entre duas pessoas se desenvolvendo e que ela pode ser passada em revista e analisada.

A indagação orientada para o processo também pode ser dividida em categorias.

1) Indagação de processo humilde
"O que está acontecendo aqui?"
"Não fomos longe demais?"
"Isto é pessoal demais?"

2) **Indagação de processo diagnóstico**
"Por que você optou por me contar sobre seus sentimentos desse modo em particular?"
"O que acha que está acontecendo entre nós nesse momento?"
"O que eu devia estar lhe perguntando agora?"
3) **Indagação de processo de confrontação**
"Por que você ficou tão na defensiva justo quando eu estava tentando lhe dizer o que achava?"
"Está abalado, eu o deixei abalado?"
"Está se sentindo estimulado pelo que estou lhe perguntando?"

A força desse tipo de indagação está em se concentrar no relacionamento em si e habilitar ambas as partes a avaliar se as metas do seu relacionamento estão sendo atingidas. Usado com humildade, esse tipo de indagação é provavelmente também o mais difícil de aprender porque nossa cultura não o respalda como conversa normal. Exceto em eventos especiais de treinamento, tendemos a evitar falar sobre *como* estamos falando ou dizendo algo específico sobre o nosso relacionamento. Contudo essa forma de indagação é com frequência o meio mais poderoso de sair de conversas embaraçosas ou difíceis porque permite que ambas as partes se recarreguem, reafirmem para o que estão ali, o que querem e tornem a calibrar, em outras formas, suas expectativas.

Em resumo

Dizer a alguém que deveríamos *perguntar* mais e *afirmar* menos não resolve o problema de construir um relacionamento de confiança mútua. Se houver uma atitude subjacente de exibição competitiva, ela se fará notar. A INDAGAÇÃO HUMILDE começa com a atitude e é depois respaldada por nossa escolha das perguntas. Quanto mais permanecermos curiosos em relação à outra pessoa em vez de deixar nossas expectativas e nossos preconceitos se introduzirem na conversa, maiores serão nossas chances de continuar no modo certo de questionamento. Temos de aprender que perguntas diagnósticas e confrontadoras ocorrem de forma muito natural e fácil, assim como afirmar. Custa, no entanto, alguma disciplina e prática aproveitar a própria ignorância, ficar concentrado na outra pessoa.

Se nós aprendermos a agir dessa maneira, as consequências positivas serão melhores conversas e melhores relacionamentos. Em muitas situações, isso pode não ter importância; não precisamos nos preocupar. Mas principalmente se formos dependentes de outros – no caso de sermos o chefe ou uma pessoa de alto escalão tentando aumentar a probabilidade de que nossos subordinados nos ajudem e sejam francos conosco –, então a INDAGAÇÃO HUMILDE será não apenas desejável, mas essencial.

Por que ela é tão difícil? Precisamos em seguida dar uma olhada nas forças culturais que favorecem o *afirmar*.

PERGUNTAS PARA O LEITOR

- Pense numa conversa recente que tenha tido e veja se consegue classificar as perguntas que você fez e que a outra pessoa fez nas quatro categorias de tipos de pergunta.
- Faça a mesma coisa com uma entrevista recente que você tenha conduzido. Você detectou preconceitos na escolha das perguntas que fez?
- Pense numa ocasião em que tenha sido entrevistado. Que perguntas foram feitas? Como você reagiu a elas? Algumas foram mais fáceis de enfrentar que outras? Algumas o fizeram dar mais informações que outras? Quais foram?
- Que conclusões você consegue tirar a respeito de si mesmo, como alguém que pergunta e afirma, com base em suas respostas às três perguntas anteriores?
- Agora reserve alguns minutos para refletir tranquilamente sobre o que aprendeu em geral até aqui.

4

A cultura do fazer e do dizer

O principal inibidor da INDAGAÇÃO HUMILDE é a cultura em que fomos criados. A cultura pode ser manifestada em muitos níveis – é representada por todos os seus artefatos, e pretendo aqui me referir a construções, obras de arte, produtos, língua e tudo o que vemos e sentimos quando penetramos em outra cultura.[5] No entanto, como artefatos não são fáceis de decifrar, quando penetramos numa nova cultura descobrimos que temos de conversar com as pessoas e lhes fazer perguntas sobre o significado das coisas. Quando fazemos isso, evocamos o nível da cultura que chamo de *valores adotados*, como liberdade, igualdade de oportunidades, direitos individuais e outros valores que são, com frequência, mencionados como "nossos direitos constitucionais".

Quando comparamos certos artefatos e comportamentos que observamos com certos valores acerca dos quais nos informam, encontramos inconsistências que nos dizem que há um nível mais profundo da cultura, um nível que inclui o que pensamos como *pressupostos* tácitos. Esses pressupostos já podem ter sido valores, mas, por consenso, passaram a ser considerados como evidentes e saíram do debate consciente. São esses pressupostos que de fato guiam os elementos comportamentais manifestos e são, portanto, a essência de uma cultura.

O exemplo mais comum nos Estados Unidos é que afirmamos valorizar o trabalho em equipe e falamos o tempo todo no assunto, mas os artefatos – nossos sistemas promocionais e sistemas de recompensas – são completamente individualistas. Defendemos a igualdade de oportunidades e a liberdade, mas os artefatos – educação mais precária, poucas oportunidades e várias formas de discriminação para minorias em guetos – sugerem que existem outros pressupostos relacionados ao pragmatismo e ao "obstinado individualismo" que operam o tempo todo e de fato determinam nosso comportamento.

Os pressupostos tácitos que constituem determinada cultura podem ser ou não coerentes uns com os outros. As culturas podem existir com inconsistências e conflito interno. Com relação a um determinado conjunto de comportamentos, como a humildade, é importante identificar os pressupostos culturais relevantes e avaliar seu impacto. Precisamos compreender especialmente os pressupostos tácitos em torno de autoridade, relacionamentos e confiança.

Todas as culturas têm normas sobre *status* e respeito baseadas em profundos pressupostos para o que merece *status*. Em muitas sociedades, a humildade básica com relação a pessoas cujas posições estão baseadas em direito de nascimento é considerada evidente e é experimentada de imediato. Nas sociedades ocidentais, mais igualitárias e individualistas, tendemos a respeitar apenas os grandes realizadores com base no mito de Horatio Alger* – conseguir subir na vida graças aos próprios esforços. Tendemos a experimentar uma *humildade opcional* na presença de quem mais realiza, mas a HUMILDADE AQUI E AGORA, baseada na percepção de dependência, com frequência está ausente.

O grau em que superiores e subordinados podem ser humildes difere segundo os pressupostos básicos da cultura em que foram criados. Quanto mais autoritária a cultura, maior a distância sociológica entre os níveis superiores e inferiores de *status* ou realização e, portanto, mais difícil para o superior ser humilde e aprender a arte da INDAGAÇÃO HUMILDE. Além desses pontos gerais sobre cultura, por que aspectos específicos da cultura americana tornam mais difícil a INDAGAÇÃO HUMILDE?

O PROBLEMA PRINCIPAL – UMA CULTURA QUE DÁ MAIS VALOR AO CUMPRIMENTO DA TAREFA QUE À CONSTRUÇÃO DO RELACIONAMENTO

A cultura americana é individualista, competitiva, otimista e pragmática. Acreditamos que a unidade básica da sociedade é o indivíduo, cujos direitos têm de ser protegidos a todo

---

* Horatio Alger (1832-1899) foi um escritor americano de livros infantis sobre rapazes pobres que subiam na vida trabalhando muito e enfrentando grandes dificuldades. (N.T.)

custo. Somos empreendedores e admiramos a realização individual. Prosperamos na competição. Otimismo e pragmatismo aparecem no modo como somos orientados para o curto prazo e em nossa aversão ao planejamento de longo alcance. Não gostamos de consertar as coisas e melhorá-las enquanto ainda funcionam. Preferimos usar as coisas até que elas quebrem, porque acreditamos que depois podemos consertá-las ou substituí-las. Somos arrogantes e acreditamos profundamente que podemos consertar tudo: "O impossível apenas demora um pouco mais". Somos impacientes e, com a capacidade que a tecnologia da informação tem de fazer as coisas mais depressa, ficamos ainda mais impacientes. Mais importante de tudo, *valorizamos mais o cumprimento da tarefa que a construção do relacionamento* e não temos consciência desse viés cultural ou, pior, *não nos importamos e não queremos ser importunados por isso*.

Não gostamos de grupos nem confiamos neles. Acreditamos que comissões e reuniões são um desperdício de tempo e que decisões de grupo diluem a responsabilidade. Só perdemos dinheiro e tempo com a construção de equipe quando isso parece ser pragmaticamente necessário para a execução do trabalho. Ficamos de olho e admiramos o trabalho em equipe e a equipe vitoriosa (valores defendidos), mas nem por um minuto acreditamos que a equipe poderia ter vencido sem a estrela individual, que geralmente recebe um pagamento muito maior (pressuposto tácito).

Jamais pensaríamos por um só momento em pagar igualmente os membros da equipe. Nas Olimpíadas, costumamos ter alguns dos corredores mais velozes do mundo, mas temos perdido algumas corridas de revezamento porque não conseguimos passar o bastão sem deixá-lo cair! Consideramos evidente que a responsabilidade deve ser individual; tem de haver alguém a ser elogiado pela vitória e alguém a censurar pela derrota, o indivíduo que "concentra a responsabilidade".

Na verdade, em vez de admirar os relacionamentos, valorizamos e admiramos a competitividade individual, um passando à frente do outro, sobrepujando o outro na conversa, sendo um trapaceiro esperto e vendendo coisas de que o cliente não necessita. Acreditamos em *caveat emptor* (que o cliente se cuide) e justificamos a exploração com "a cada minuto nasce um trouxa". Criamos desconfiança com relação a estrangeiros, mas não temos uma fórmula de como testar ou construir confiança. Valorizamos nossa liberdade sem perceber que isso cria reticência e desconfiança entre nós. Quando somos levados por um esquema Ponzi* e perdemos todo o nosso dinheiro, não censuramos nossa cultura ou nossa própria ganância – censuramos os reguladores que deviam ter percebido a coisa e nos flagelamos por não termos entrado naquilo mais cedo.

Em política, construímos relacionamentos com algumas pessoas para promover nossos objetivos e obter vantagem sobre outras pessoas. Fazemos coligações para adquirir

---

* Operação fraudulenta de investimento prometendo altas taxas de retorno com pouco risco. (N.T.)

poder, e, nesse processo, torna-se mais necessário sermos cuidadosos ao decidir em quem podemos confiar. Presumimos que podemos automaticamente confiar na família e acabamos descobrindo deslealdade entre os parentes. Basicamente, com a consciência do dinheiro que tem nossa sociedade de hoje, não sabemos realmente em quem confiar e, pior, não sabemos como criar uma relação confiável. Valorizamos a lealdade no abstrato, mas em nossa sociedade pluralista não está absolutamente claro a quem devemos ser leais além de nós mesmos.

Quando lidamos com pessoas em outras culturas que consideram os relacionamentos essenciais para que seja possível fazer o trabalho criando primeiro a confiança, ficamos impacientes por perder tempo em jantares construtores de relacionamentos em vez de nos lançarmos ao trabalho. Quando somos enviados para locais distantes no exterior com o objetivo de montar uma equipe de trabalho, encaramos isso como um preço necessário de fazer negócios e, às vezes, mesmo gostando e nos beneficiando da coisa, continuamos a considerá-la como apenas um meio para o fim de cumprir a tarefa.

Quando as companhias aéreas começaram a investigar seus acidentes graves, descobriram que alguns resultavam de falhas de comunicação na cabine de comando. Em vários casos dramáticos, o funcionário de posto superior simplesmente não prestava atenção ao elemento de posto inferior que estava fornecendo informação essencial quando o avião se acidentou. Durante algum tempo, as companhias aéreas lançaram programas de treinamento de equipe e inclusive escalaram tripulações que tinham sido treinadas juntas para trabalhar na cabine de comando. Porém quando isso se tornou caro e complicado demais para administrar, voltaram a um sistema rotativo em que era esperado que listas de controle e profissionalismo facilitassem a comunicação necessária. Chegou a ser reportado que algumas equipes tinham se tornado superconfiantes e desenvolvido maus hábitos que levavam a atalhos nas normas de segurança, o que justificava o cancelamento do treinamento em equipe.

Nos Estados Unidos, *status* e prestígio são adquiridos pelo cumprimento das tarefas e, quando estamos acima dos outros, somos autorizados a lhes dizer o que fazer. O melhor engenheiro e o melhor vendedor são promovidos a supervisores e podem agora dizer aos outros o que fazer. Tudo bem com a distância social entre níveis hierárquicos. Na realidade, os relacionamentos pessoais entre diferentes postos são considerados perigosos porque poderiam levar a favorecimentos na atribuição de tarefas e de recompensas. Nas forças armadas, se o oficial tivesse um relacionamento pessoal com o subordinado, ficaria mais difícil decidir quem mandar numa missão potencialmente letal. Oficiais não devem confraternizar com as tropas.

Hoje, em medicina, deploramos claramente o fato de o sistema limitar a soma de tempo que os médicos podem passar com os pacientes, pois, segundo os valores que adotamos, construir um relacionamento com os pacientes é boa medicina. Aceitamos, no entanto, visitas curtas como uma inevitável necessidade pragmática graças ao pressuposto tácito de que o sistema deve ser guiado mais por critérios econômicos do que por critérios sociais. Aceitamos o que encaramos como necessidades econômicas, embora haja evidências crescentes de que problemas de comunicação entre médicos e pacientes provocam fracassos no tratamento e são, às vezes, responsáveis pelo fato de os pacientes tomarem doses erradas de um medicamento. A valorização do cumprimento da tarefa à custa da construção do relacionamento se manifesta na frequência com que os médicos agem de forma desrespeitosa com enfermeiros, técnicos e mesmo com os pacientes. Com frequência, despersonalizam e ignoram o paciente em sua discussão com os internos que foram trazidos para examinar o "caso". Tudo isso é instigado pela necessidade de cumprir tarefas de um modo custo-eficiente, que se traduz em acumular o maior número possível de tarefas em cada unidade de tempo e não se preocupar com a construção de relacionamentos, que poderia ser muito demorada.

Isso pode parecer uma visão severa de nossa cultura, e por certo há tendências em outras direções, mas, quando lidamos com a cultura no nível do pressuposto tácito, temos de pensar claramente sobre o que nossos pressupostos de fato são, distinguindo-os com nitidez dos valores que adotamos. O resultado de uma cultura pragmática, individualista, competitiva, orientada para a tarefa é que a humildade ocupa um lugar inferior na escala de valores.

UM SEGUNDO PROBLEMA – A CULTURA DE AFIRMAR

Admitimos que damos mais valor a afirmar que a perguntar. Damos valor a fazer as perguntas *certas*, mas não a perguntar em geral. Perguntar é revelar ignorância e fraqueza. Conhecer coisas é altamente valorizado e dizer às pessoas o que sabemos é quase automático porque tornamos isso habitual na maioria das situações. Ficamos especialmente propensos a afirmar quando fomos autorizados pela pergunta de outra pessoa ou quando fomos formalmente promovidos a uma posição de poder. Certa vez, perguntei a um grupo de estudantes de administração o que significava, para eles, ser promovido a "gerente". Eles disseram sem hesitação: "Significa que agora posso dizer aos outros o que devem fazer". Naturalmente, o pressuposto perigoso e oculto nessa máxima é que, uma vez promovidas, as pessoas saberão o que fazer. A ideia de que o gerente possa procurar um subordinado e perguntar "o que devemos fazer?" seria considerada uma abdicação, uma incapacidade de desempenhar a função. Se você é um gerente ou um líder, deve saber o que fazer ou, pelo menos, parecer saber.

Saber coisas é extremamente valorizado na maioria das culturas. Com a idade, ficamos supostamente mais sábios, o que em geral significa saber mais. Assim, procuramos pessoas mais velhas atrás de respostas e esperamos obtê-las. Quando o suplicante sobe a montanha para ter acesso ao sábio guru e sua pergunta é respondida com outra pergunta, colocamos isso numa charge e rimos. Afirmar não é só esperado e respeitado, mas parece muito bom quando achamos que resolvemos o problema de outra pessoa. O que é mais gratificante que dar um conselho?

Ainda vivemos numa cultura do que Stephen Potter descreveu com tanta eloquência nos anos 1950 como *jogadas cheias de truques* e como *exibicionismo*.[6] Eram essas as duas expressões que melhor caracterizavam o que Potter via como a característica principal dos relacionamentos no mundo ocidental. Era o melhor humor britânico, mas também era um comentário muito mais profundo sobre como a cultura ocidental valoriza a competição, mesmo na conversação. Potter observa que há vários meios de ganhar pontos numa conversação competitiva: fazendo um comentário inteligente, fazendo alguém que já falou demais se calar e dando novo sentido a uma expressão engenhosa, mesmo que isso constranja outra pessoa que participa da conversa. Competimos para ver quem consegue trazer o *mais* – a história mais interessante, a aventura mais chocante, a melhor piada ou o melhor filme que viram.

Naturalmente, superar outra pessoa só é bom quando isso é feito dentro das regras culturais de etiqueta. Constranger alguém ou humilhar na conversa não é bom, e quem faz isso de forma constante ganha o ostracismo social ou, num caso extremo, é posto num hospital para doentes mentais. Para ser um *jogador* ou um *boa-vida* eficiente, Potter observa, a pessoa deve saber "ganhar sem *realmente* trapacear" ou praticar "a arte de continuar fazendo a coisa sem ser realmente um patife". Em debates pré-eleitorais para presidente, só nos preocupamos em saber quem venceu o debate e com frequência fundamentamos essa decisão não com base em quem fez a melhor análise dos problemas, mas em quem pareceu mais presidencial na frente das câmeras, lançou a melhor expressão ou a afronta mais inteligente contra o adversário.

Uma possível implicação em tudo isso é que, no fundo, muitos acreditam que quem não está vencendo está perdendo. Se você não falar primeiro, alguém mais falará e ficará com a melhor pontuação. O pressuposto tácito baseado em nossas raízes biológicas é que a vida é fundamentalmente e sempre uma competição. Alguém tem de ser o macho alfa. A ideia de *cooperação* recíproca em que *ambas as partes vencem* não está em nossa tela de radar, exceto nos casos em que for pragmaticamente necessária ou em eventos especiais, como no teatro de improvisação, em que o trabalho de cada pessoa é dar o gancho para o parceiro completar a boa fala que provoca as risadas. Isso requer a construção de um relacionamento em que o exibicionismo não é desejável.

Também sabemos como afirmações importantes vêm de nossa vontade, na maioria das conversas, de ir logo ao ponto. Quando estamos ouvindo alguém e não percebemos para onde aquilo vai, dizemos: "Então, aonde quer chegar?". Esperamos que as conversas cheguem a algum tipo de conclusão, que é alcançada pela afirmação de alguma coisa, não fazendo perguntas. Quando estamos no modo afirmativo, esperamos educar, impressionar, marcar pontos, entreter;

quando estamos no modo de escuta, queremos ser educados, ficar impressionados, ser entretidos.

Quando ouvimos, queremos sentir que *valeu a pena* ouvir. É frustrante ver alguém nos dizer alguma coisa que não podemos usar ou que é chata. Minhas piores experiências desse tipo acontecem quando alguém conta histórias sobre pessoas que não conheço em situações que nunca vivi. Em outras palavras, não queremos que nos contem coisas antigas. O que nós queremos que nos contem e o que optamos por dizer têm de ser coisas úteis – precisam estar dentro do contexto e precisam ser relevantes.

Por fim, nada é mais frustrante para os que ouvem do que ouvir coisas ou receber conselhos que já conhecem e/ou nos quais já pensaram e os quais descartaram como impraticáveis. É uma sensação humilhante perceber que quem está falando acha que ainda não pensamos no que está dizendo. Porém, paradoxalmente, afirmar é coisa tão arraigada que não pensamos no problema quando vamos dizer alguma coisa a alguém. Antes de dar algum conselho, levamos mesmo em consideração se a pessoa com quem estamos falando já poderia ter pensado naquilo? Desconfio que todos nós afirmamos muito mais do que devíamos.

Por que isto é importante agora?
As demandas mutáveis de tarefas futuras

Há, é claro, muito mais na cultura americana do que descrevi. E as coisas estão mudando. Os pressupostos que descrevi podem ser menos relevantes para as próximas duas gerações. O reconhecimento da interdependência está aumentando com o desenvolvimento da tecnologia da informação. Então, por que o foco nessas tendências particulares em nossa cultura? Pense de novo na sala de operações de hoje em que o cirurgião, o anestesista, uma equipe básica de enfermagem e técnicos cirúrgicos têm de trabalhar em perfeita harmonia uns com os outros ao realizar uma cirurgia complexa. Considere que eles não apenas têm diferentes profissões e postos de trabalho, mas que provavelmente são de gerações diferentes e possivelmente de diferentes culturas nacionais, que podem ter seus próprios valores e suas próprias normas no que diz respeito a relacionamentos, autoridade e confiança. Deixe-me, então, apresentar de novo o problema:

> O mundo está se tornando mais complexo tecnologicamente, interdependente e culturalmente diverso, o que torna a construção de relacionamentos cada vez mais necessária para conseguirmos realizar coisas e, ao mesmo tempo, mais difícil. Relacionamentos são a chave para a boa comunicação; a boa comunicação é a chave para a realização bem-sucedida das tarefas; e a INDAGAÇÃO HUMILDE, baseada na HUMILDADE AQUI E AGORA, é a chave para os bons relacionamentos.

Cada vez mais, as tarefas parecem crianças numa gangorra ou uma equipe de revezamento. Treinadores de futebol americano assinalam com frequência que *cada* posição tem de fazer seu trabalho ou o jogo fracassa. Um coro tem de ensaiar junto para que *cada* membro seja capaz de lidar com todas as variações musicais que diferentes maestros podem querer. Uma equipe cirúrgica requer perfeita coordenação de *cada* membro. Produzir uma *webcast* bem-sucedida exige perfeita coordenação entre transmissores e receptores. A pilotagem segura de um avião de passageiros requer perfeita coordenação de toda a tripulação, como acontece com todos os tipos de processos nas indústrias química e nuclear. Todas essas situações de grupo exigem que os membros do grupo construam relacionamentos entre si que ultrapassem a mera situação de "profissionais trabalhando uns com os outros". Listas de controle e outros processos formais de coordenação não bastam porque não podem lidar com situações imprevistas. Por meio da INDAGAÇÃO HUMILDE as equipes podem construir os relacionamentos iniciais que as habilitem a aprender juntas. Ao construir níveis mais elevados de confiança por meio do aprendizado conjunto, elas se tornam mais abertas em sua comunicação, o que, por sua vez, as habilita a lidar com as surpresas inevitáveis que surgem em complexas situações interdependentes.[7]

    A ironia é que, quando vemos um bom cumprimento de tarefa que resulta de relacionamentos e níveis mais elevados de confiança, nós o admiramos e quase o tratamos como surpreendente anomalia, admitindo, assim, tacitamente que aquilo não é culturalmente *normal*. No universo do futebol profissional, quando uma equipe tem um jogador que conhece alguns dos jogadores atuais ou mesmo o treinador por ter estado em outro time com eles, o time como um todo pode melhorar porque já existe um relacionamento claramente construído que os habilita a jogar melhor uns com os outros.

Em outras palavras, sabemos intuitivamente e pela experiência que trabalhamos melhor numa complexa tarefa interdependente com alguém que conhecemos e em quem confiamos, mas não estamos preparados para dedicar esforço, perder tempo e dinheiro para assegurar que tais relacionamentos sejam construídos. Valorizamos esses relacionamentos quando eles são construídos como parte do próprio trabalho, como em operações militares em que os soldados formam intensos relacionamentos pessoais com os companheiros. Admiramos a lealdade de um com o outro e o heroísmo que é exibido em favor de alguém com quem se tem um relacionamento, mas quando vemos esses relacionamentos profundos numa organização comercial, nós os consideramos incomuns. E programas para a construção de equipes são, com frequência, os primeiros itens cortados no orçamento quando surgem problemas de custo.

O desafio especial para líderes

Culturalmente é mais adequado a pessoa de *status* mais elevado fazer mais afirmações e o subordinado fazer mais perguntas e ouvir. Isso funciona quando: 1) ambas as partes têm o mesmo objetivo de valor supremo; 2) o superior conhece as respostas; e 3) o subordinado compreende o que está sendo dito. Os superiores precisam descobrir se essas três condições são atendidas numa situação particular. Para retornar à nossa analogia com uma corrida de revezamento, o líder tem de descobrir se todos os quatro participantes querem vencer, se os que passam o bastão (chefes ou subordinados) sabem comunicar aos receptores como o bastão será passado e se instruções como "acelere mais quando eu entrar na área" são, de fato, claras o bastante para serem compreendidas.

Se não construírem relacionamentos com os subordinados por meio de uma INDAGAÇÃO HUMILDE inicial, os chefes não serão capazes de dizer se a comunicação é boa ou não porque em muitas situações os subordinados não vão admitir que não compreendem ou podem reter informação crítica de segurança porque não compartilham o objetivo supremo. Ou o chefe pode anunciar o objetivo supremo da segurança, mas estar involuntariamente enviando sinais de que custo e rapidez não são menos importantes. Se os cirurgiões não tiverem construído relacionamentos com suas equipes, membros da equipe podem reter informação e pôr em perigo a segurança do paciente porque não se sentirão psicologicamente seguros para falar com franqueza com a pessoa de *status* mais elevado.

Quanto mais complexa a tarefa, maior o grau de interdependência e mais o chefe tem de adotar uma HUMILDADE AQUI E AGORA e praticar a INDAGAÇÃO HUMILDE. Lembre-se, porém, que isso é basicamente uma atitude, que não há uma fórmula exata de como fazer a coisa. Sensibilidade e emoção entram inevitavelmente em jogo na avaliação do estado atual do relacionamento e de qual é a situação. No entanto a conduta da pessoa de *status* mais elevado sempre deveria ser construir *status*, dar prestígio. Fazendo o subordinado se sentir psicologicamente seguro, o superior pode esperar conseguir a informação e a ajuda necessárias. Se compartilharmos os mesmos objetivos de valor supremo, como ganhar a corrida de revezamento, manter os pacientes em boas condições e impedir que haja um acidente na usina nuclear, isso ajudará, mas nunca será o bastante. Os subordinados estão sempre numa posição vulnerável e devem, portanto, ser primeiro tranquilizados antes que possam se empenhar plenamente na comunicação franca e na colaboração.

Considere de novo a situação do paciente do hospital. O que o médico pode oferecer nessa situação, por meio da INDAGAÇÃO HUMILDE, é fazer o paciente se sentir uma pessoa íntegra em vez de uma cobaia. O oncologista que perguntou à minha esposa sobre nossos planos de viagem conquistou-a imediatamente porque ela percebeu que ele se importava conosco, não apenas em conter o câncer. Pense no líder na corrida de revezamento que pergunta se o receptor é destro ou canhoto e tem alguma preferência ou necessidade que deva ser considerada. Pense no cirurgião que diz à equipe: "Dependo inteiramente de vocês. O que precisamos pôr em prática para que as coisas corram bem?". Pense no advogado que assumiu o site da companhia de energia elétrica que contém uma instalação nuclear e procura os operadores e o pessoal da manutenção para perguntar o que eles fazem, como é a vida deles, o que os preocupa. A INDAGAÇÃO HUMILDE se torna particularmente relevante quando os líderes percebem que dependem inteiramente de que todos os trabalhadores da planta cumpram suas tarefas usando uma tecnologia que eles próprios não compreendem. Não poderiam, portanto, mesmo se quisessem, dizer aos trabalhadores o que fazer. Pense quanto do trabalho realizado no mundo tecnologicamente complexo de hoje não pode ser feito pelo líder; por isso o líder tem de aprender a viver com HUMILDADE AQUI E AGORA. Já que os problemas particulares de perguntar e afirmar nos relacionamentos entre superior e subordinado foram identificados, o próximo capítulo explora melhor os impactos da cultura, do posto e de *status*, sugerindo como podem ser mais bem abordados.

Em resumo

A cultura americana está vigorosamente baseada nos pressupostos tácitos de pragmatismo, individualismo e *status* alcançado pelas realizações. Esses pressupostos inserem uma forte inclinação por ver o trabalho feito que, combinada ao individualismo, leva a uma desvalorização da construção do relacionamento, do trabalho de equipe e da colaboração, exceto como meios subordinados ao fim do cumprimento da tarefa. Dadas essas tendências culturais, fazer e afirmar são inevitavelmente mais valorizados que perguntar e construir o relacionamento. Contudo, à medida que as tarefas se tornarem mais complexas e interdependentes, a colaboração, o trabalho de equipe e a construção do relacionamento se tornarão mais necessários. Isso, por sua vez, vai exigir que os líderes se tornem mais experientes em INDAGAÇÃO HUMILDE.

> **PERGUNTAS PARA O LEITOR**
>
> - Pense na última reunião de que participou. Que tipo de conversa estava se desenvolvendo? Pode se lembrar de exemplos de afirmações competitivas? Pode se lembrar de exemplos de construção de relacionamento? Qual foi a diferença na qualidade da conversa?
> - Pode se lembrar de exemplos em seu ambiente de trabalho que ilustrem o impacto de características culturais sobre o desempenho de tarefas e a comunicação?
> - Em seu ambiente de trabalho, que exemplos lhe vêm à mente do *fazer* sendo mais altamente valorizado que a *construção do relacionamento?* Que situações você consegue recordar em que *afirmar* sobrepujou *fazer* perguntas?
> - Pense na situação de sua família. Você frequenta jantares em família ou outro tipo de reunião regular de família? Qual é a característica da conversa nessas ocasiões?
> - Tire agora alguns minutos para refletir tranquilamente sobre o que aprendeu em geral até aqui.

5

Fronteiras de *status*, posto e papel como inibidores

A maneira como nos relacionamos com outra pessoa, se afirmamos ou perguntamos, se queremos promover mais confiança e abertura, se queremos apenas entrosamento ou alguma coisa mais, tudo isso é mais bem pensado em termos de *situações*. Em toda cultura, as crianças são ensinadas a se comportar e selecionar que tipo de sentimento devem ter de acordo com a situação. Cada situação é definida pelas intenções mútuas das pessoas quando estas se reúnem, e, em cada cultura, a maioria sabe o que é apropriado em termos situacionais – as regras e a etiqueta que governam a situação. Somos, na maior parte, tão aculturados em nossa totalidade que não temos consciência dessas regras e de quanto elas estão codificadas. Principalmente em situações em que os participantes têm postos ou *status* diferentes.

Status e posto

Para compreender alguns dos inibidores da INDAGAÇÃO HUMILDE, temos de examinar particularmente as regras que dizem respeito ao comportamento entre pessoas de diferentes postos ou *status*. Do ponto de vista dos subordinados, essas regras podem ser mais bem imaginadas como regras de *deferência* ou como a forma que os subordinados mostram respeito por seus superiores; do ponto de vista dos superiores, são regras de *conduta* ou a maneira como se espera que os superiores ajam de um modo que seja apropriado a seu *status*. Por exemplo, quando o superior fala, espera-se que o subordinado preste atenção e não o interrompa; o superior deve se fazer compreender e se comportar de maneira digna.

Encaramos essas regras como tão evidentes que só reparamos nelas quando são inadequadas em termos situacionais, por exemplo quando um subordinado fala num momento inoportuno ou um líder diz ou faz alguma coisa insultante ou estúpida. Temos expectativas muito claras no que diz respeito à conduta adequada de uma pessoa de *status* elevado, e surge apreensão e irritação quando essas expectativas não são atendidas. Não é por acaso que são oferecidos banheiros privativos às pessoas de *status* mais elevado para que elas possam se preparar adequadamente antes de aparecer em público.

Temos igualmente regras claras sobre deferência, que variam em função da cultura. Um caso dramático de incompreensão dessas regras ocorreu anos atrás nas minas de ouro sul-africanas, quando supervisores brancos encaravam regularmente os trabalhadores tribais como indignos de confiança porque estes tinham um "olhar evasivo" e "nunca olhavam a pessoa no olho". Foi preciso anos de treinamento em supervisão para ensinar aos administradores brancos que, na cultura dessa tribo, olhar um superior nos olhos era um sinal de *desrespeito* que acarretava punição.

Quando ingressamos numa nova situação ou encontramos alguém e iniciamos uma conversa, uma das primeiras coisas que inconscientemente solucionamos são as distinções relativas de *status* que devem ser observadas. Alguns poderiam argumentar que estamos ainda biologicamente programados para nos localizarmos na hierarquia social. Começamos frequentemente com a INDAGAÇÃO HUMILDE em determinada situação porque ela proporciona uma oportunidade para descobrir se a outra pessoa na conversa está num *status* mais elevado ou inferior, se deveríamos mostrar uma atitude reverente ou, ao contrário, esperar reverência. Começamos fazendo perguntas gerais: Que tipo de trabalho você faz? Onde mora? O que o traz aqui? Se as pistas indicam que a outra pessoa está num *status* inferior, como quando alguns alunos, ainda não graduados, me abordaram num encontro recente pedindo para tirar uma foto comigo porque tinham lido um trabalho meu e o apreciado, automaticamente assumimos a atitude apropriada de quem está recebendo um agrado; no caso, posei de maneira civilizada para a foto com um grande sorriso. Por outro lado, esse mesmo tipo de ajustamento instantâneo ocorreu quando fui apresentado, pouco tempo atrás, a um colega residente em meu condomínio de aposentados e fiquei sabendo que ele era um físico ganhador do prêmio Nobel. De repente, estava me sentindo humilde e fazendo perguntas bastante genéricas para saber mais sobre ele. Como éramos mais ou menos da mesma idade e ambos residentes na mesma comunidade de aposentados, ele também adotou uma posição mais humilde e se envolveu bastante na conversa, o que reduziu a disparidade de *status* e levou a um contato mais informal e aberto.

As regras situacionais, em resumo, determinam a forma apropriada de INDAGAÇÃO HUMILDE onde há uma diferença de *status* ou posto no início da conversa. O que temos de aprender quando nos voltamos para tarefas mais interdependentes é como transpor esses fossos de *status* quando estamos de fato dependentes uns dos outros. Será fácil para o subordinado continuar a ser humilde e pedir ajuda ao seu superior. O dilema que vai requerer novo aprendizado é como o superior pode aprender a pedir ajuda ao subordinado. Para começar a entender como lidar com esse dilema, temos de olhar também para diferentes tipos de relações funcionais.

TIPOS DE RELAÇÕES FUNCIONAIS – ORIENTADOS PARA A TAREFA E PARA A PESSOA

Um determinante que define as regras de uma situação é o *status* relativo. Igualmente importante para definir a situação é o relacionamento funcional das partes ou o propósito para o qual elas se reuniram. Estou me encontrando com um amigo para o almoço, abordando um vendedor para comprar sapatos novos, visitando meu médico ou sendo apresentado ao meu novo chefe (ou subordinado)? Meu propósito define a tarefa e o tipo de situação que quero criar. Quando me reúno a outros, definimos em conjunto a situação – estamos aqui para fazer o quê? Qual é nosso papel na situação? O que esperamos de cada um de nós e que tipo de relacionamento deve ser este?

Os sociólogos têm proposto vários modos de classificar todos os tipos de relacionamento que estabelecemos. Para compreender a INDAGAÇÃO HUMILDE, é importante distinguir particularmente entre relacionamentos *instrumentais*, em que uma pessoa precisa de algo específico da outra pessoa, e relacionamentos *expressivos*, que são guiados por necessidades pessoais de construir o relacionamento porque uma pessoa ou cada uma das pessoas envolvidas está começando a gostar da outra. Para simplificar, chamarei esses relacionamentos de orientados para a tarefa e orientados para a pessoa. Como argumentei no capítulo anterior, a cultura americana está muito mais interessada em relacionamentos orientados para a tarefa – reunir-se para que o trabalho seja feito. Esses relacionamentos são, com frequência, rotulados de "profissionais", o que implica trabalhar em conjunto de forma competente, mas evitando o envolvimento pessoal. Passar ao nível pessoal é visto, com frequência, como "pouco profissional".

Imaginamos os relacionamentos orientados para a tarefa como impessoais e emocionalmente neutros. O *status* relativo é definido pelo grau de dependência, que determina o grau adequado de HUMILDADE AQUI E AGORA. Quando estou comprando um terno, o vendedor depende da minha decisão e invariavelmente é muito respeitoso e humilde. Quando já comprei o terno e o alfaiate tira as minhas medidas para fazer uns ajustes, ele me diz em que posição ficar, então me torno muito HUMILDE AQUI E AGORA. Nós dois conhecemos as regras situacionais culturalmente definidas e tentamos nos envolver o menos emocionalmente possível. Quando lidamos com um vendedor, esperamos uma certa distância emocional, uma conversa limitada ao produto, ao preço e aos problemas de entrega. Desenvolvemos respeito mútuo baseado no conhecimento e na competência particulares que o vendedor tem.

Ao contrário, espera-se que um relacionamento orientado para a pessoa seja mais emocionalmente carregado porque uma parte ou cada uma das partes está interessada na outra e espera ou quer que o relacionamento continue. Esse tipo de relacionamento permite – até mesmo espera – alguma expressão emocional. Quando queremos conhecer alguém melhor, estamos nos deslocando para um relacionamento pessoal. Quando queremos que os nossos subordinados mantenham uma distância respeitosa, estamos definindo a situação como orientada para a tarefa. Como já mencionei, não se espera que a pessoa confraternize com as tropas.

Para ambos os tipos de relacionamento, carregamos dentro de nós regras culturais sobre o que é e o que não é apropriado. A razão pela qual não devemos interromper o chefe é que o relacionamento chefe-subordinado é, na maioria das organizações, guiado para a tarefa, com uma hierarquia que define graus e tipos de competência no cumprimento da tarefa. Se o chefe joga golfe com o porteiro, erguemos as sobrancelhas e nos perguntamos quais são as implicações desse relacionamento incomum. Na equipe cirúrgica que descrevemos anteriormente, as regras são, desde o início, muito claras a respeito da hierarquia de *status* e definem que cada relacionamento na equipe é instrumental, impessoal e emocionalmente neutro. Em outras palavras, a interdependência da tarefa requer a HUMILDADE AQUI E AGORA, mas não tem, em princípio, de se tornar carregada no âmbito pessoal ou emocional.

Uma questão central é saber se com a crescente complexidade das tarefas e a diversidade cultural será possível manter essas fronteiras de *status*. Ou será que a construção do relacionamento no que se refere à tarefa demandará inevitavelmente determinado grau de personalização?

Não reparamos nessas regras e fronteiras até elas serem violadas, como quando as partes num relacionamento orientado para a tarefa ficam emocionalmente envolvidas. Podemos aceitar que o chefe tenha um caso fora da organização, mas somos punitivos quando o caso é com um subordinado ou colega de trabalho porque isso implica que favores especiais sejam concedidos ou, pior, que a execução da tarefa seja comprometida porque a incompetência pode ser tolerada.

Quando pensamos em nossos vários relacionamentos, vemos que eles não são, é claro, perfeitamente divisíveis entre orientados para a tarefa e pessoais. Desenvolvemos sentimentos e preferências com relação às pessoas com quem temos relacionamentos estritamente orientados para a tarefa e descobrimos que às vezes nossos amigos e as pessoas amadas se tornam fundamentais para o cumprimento de alguma tarefa. Contudo, quando as regras são violadas ou ambíguas, como quando diferentes culturas estão envolvidas, os relacionamentos podem ser prejudicados. Um caso extremo de que fiquei sabendo envolveu recentemente o proprietário de uma casa e uma empregada doméstica filipina. O homem gostou da empregada e quis ter um relacionamento pessoal com ela, mas foi repetidamente repelido. A empregada foi embora, e o proprietário da casa descobriu, por intermédio da empregada de um amigo, que, na cultura da qual a empregada vinha, era totalmente inapropriado manter qualquer tipo de conversa pessoal com o empregador.

Assim, para os nossos objetivos, é muito útil imaginar um *continuum* que se estende do extremamente orientado para a tarefa ao extremamente pessoal. A pergunta que temos então de fazer é se a chave para os relacionamentos interdependentes funcionarem não está em *personalizá-los até certo ponto*. E, se assim for, como a INDAGAÇÃO HUMILDE pode tornar isso possível?

PERSONALIZAÇÃO COMO CONSTRUÇÃO DO RELACIONAMENTO

A personalização é o processo de reconhecer a outra pessoa como um ser humano completo, não apenas como uma função. O nível mínimo de personalização nesse sentido seria compartilhar os primeiros e os últimos nomes. Então, quando apresentam ao doutor Brown sua enfermeira na sala de cirurgia como senhora Grant e o anestesista como doutor Tanaka, temos um exemplo de apresentações no estilo formal. No ambiente formal de um hospital tradicional, isso é o que seria feito, e tudo terminaria por aí. Se o diretor do hospital quisesse personalizar um pouco o relacionamento, a apresentação inicial pelo chefe de cirurgia poderia ser assim: "Doutor Brown, esta será sua enfermeira, *Amy* Grant, e seu anestesista, doutor *Yoshi* Tanaka". Essa personalização mínima poderia ter efeitos poderosos se fosse uma alteração de uma prática anterior. E talvez também pudesse contornar um pouco as regras se fosse respeitada a tradição do hospital de manter o comedimento profissional. Sei de um hospital que decidiu usar os primeiros nomes entre o pessoal da equipe médica, mas *nunca diante dos pacientes*, porque o paciente deve ser lembrado do *status* relativo dos membros da equipe médica. Será que o paciente perderia o respeito pelo doutor Brown se Amy o chamasse de "Rod"?

Assim que o processo de personalização é lançado e aceito, no sentido de que ambas as partes mostram descontração em usar os primeiros nomes, a caixa de Pandora é aberta para intermináveis outras questões e revelações pessoais. Mas esse processo não ocorre sem a propriedade situacional que afeta todos nós. Permanecendo no nível da função/tarefa, o doutor Brown poderia perguntar a Amy onde ela se formou, com que outros médicos havia trabalhado, se estava orientada para uma determinada especialidade e assim por diante. Se quisesse se tornar mais pessoal, poderia fazer algumas perguntas sobre onde ela mora, se tem uma família, de onde é e o que pensa do hospital em que ambos trabalham. A pergunta sobre sua opinião em relação ao hospital poderia ter atravessado uma fronteira em que ela talvez não soubesse até que ponto seria seguro dizer ao doutor Brown exatamente o que achava e sentia, principalmente se ela tivesse algumas críticas a fazer.

A forma como a personalização pode avançar a partir desse ponto talvez dependa muito de quando e onde a conversa será travada. Amy Edmondson, em seu estudo de equipes de cirurgia cardíaca em operações de coração aberto, relatou que algumas dessas equipes funcionavam melhor que outras nessa complicadíssima cirurgia.[8] Num encontro recente, ela mencionou um detalhe que é fundamental para a análise. Edmondson estava numa cafeteria, onde as pessoas escolhiam se sentar de acordo com o posto e a função que ocupavam, quando reparou que alguns membros de uma dessas equipes bem-sucedidas estavam sentados juntos a uma mesa. Por certo, haviam decidido que passar algum tempo juntos era mais importante que fazer as refeições com os pares profissionais. Essa decisão capacitava-os a explorar o conhecimento mútuo num nível mais pessoal, algo que evidentemente acharam que precisavam fazer para funcionar bem como equipe no centro cirúrgico. O estudo de Edmondson mostrou que as equipes que foram capazes de adotar e utilizar com êxito o processo cirúrgico mais complexo tinham feito um esforço especial para aprender em conjunto, como equipe, reduzindo assim diferenças de *status* e deixando todos conscientes da interdependência mútua. Comer em conjunto era apenas uma das muitas atividades que personalizavam suas relações.

O fato é que uma pequena mudança – quem almoça com quem – tem enormes implicações simbólicas para a construção de um relacionamento em que o médico sênior está publicamente sendo humilde ao se sentar com o pessoal subordinado, fazendo que, assim, as pessoas sejam mais abertas com ele.

Em outro exemplo, uma das estudantes de pós-graduação de Edmondson, Melissa Valentine, pesquisava alas hospitalares de emergência que estavam sobrecarregadas e precisava encontrar uma solução para as longas esperas que os pacientes enfrentavam na unidade de emergência.[9] Um hospital decidiu criar pequenos "casulos" que consistiam de um profissional de cada tipo de especialidade necessária para tratar casos de emergência. Pacientes e pessoal seriam arbitrariamente designados para os "casulos" conforme houvesse vagas em determinado momento. O resultado disso seria que, durante certo tempo, cada médico, enfermeiro e técnico encontraria muitos outros médicos, enfermeiros e técnicos, mas sempre no contexto de um pequeno grupo que facilitasse a personalização. Em vez de um enfermeiro ter de encontrar um médico quando um paciente estivesse pronto para ser examinado, havia sempre um médico disponível no casulo. O tamanho menor do casulo criava muitas oportunidades de interação cara a cara, o que tornava a INDAGAÇÃO HUMILDE e a personalização mais fáceis.

A INDAGAÇÃO HUMILDE é, por definição, mais pessoal porque gira em torno de ser curioso sobre a outra pessoa e estar interessado nela, mas a escolha do tópico pode variar em seu nível de interesse entre estar relacionado à tarefa até ser muito íntimo. Essa escolha tem também de levar em conta vários fatores culturais, porque o que é considerado pessoal é em si mesmo determinado por regras que derivam de histórias organizacionais, das culturas das ocupações e de culturas nacionais.

Cultura organizacional, ocupacional e nacional

As situações são influenciadas pela história dos relacionamentos na ordem particular em que as tarefas devem ser cumpridas. Organizações e ocupações com uma história desenvolvem suas próprias tradições e regras dentro das tradições e das regras da sociedade mais ampla. Dentro da organização haverá unidades ocupacionais com suas próprias regras culturais sobre deferência e conduta. Entre cientistas e engenheiros tende a haver uma comunicação muito mais aberta e respeito mútuo baseado no que as pessoas sabem e podem fazer. Mesmo dentro de ocupações como engenharia, haverá diferentes regras: engenheiros eletricistas trabalham com uma tecnologia aqui e agora que se presta à experimentação e à frequente comunicação aberta; a engenharia química é muito mais formal e hierárquica porque a química não se presta facilmente à experimentação casual.

Na medicina há tradições ocupacionais entre médicos e enfermeiros que criam distância profissional. Uma intervenção estrutural, como alterar o tamanho e a composição de unidades na ala de emergência, poderia ser uma mudança aparentemente sensível a implementar para que ocorra mais personalização, mas se a cultura do hospital estiver firmemente ancorada numa tradição muito forte de distância profissional, os membros desse hospital podem achar desconfortável e inviável o sistema de casulos. Em outras palavras, as propriedades situacionais definidas pela cultura da organização e das ocupações poderiam muito bem suprimir os esforços de alguns membros da equipe para tentar personalizar os relacionamentos. Amy poderia ter vindo de um sistema personalizado e, ao sugerir aos doutores Brown e Tanaka que os três poderiam almoçar juntos, poderia se ver rejeitada com firmeza. De fato, Melissa Valentine relatou que encontrou em sua pesquisa hospitais que recusaram o sistema casulo porque ele obrigaria a uma proximidade maior do que aquela a que a equipe se dispunha.[10]

A indústria nuclear fornece um exemplo interessante de cultura ocupacional porque a maioria dos funcionários e diretores de usinas que fizeram parte da indústria durante as primeiras décadas vinha da frota de submarinos nucleares, que tinha uma cultura muito forte baseada numa preocupação absoluta do almirante Rickover com a segurança. Quando eles se aposentaram e entraram novos gestores, com formações diferentes, surgiram os problemas de comunicação. O respeito absoluto que os antigos gestores tinham pela segurança, com base num conhecimento íntimo da tecnologia, não era às vezes compartilhado pelos novos diretores das usinas, que vinham do mundo do direito ou das finanças.

Tenho concentrado essa análise nos Estados Unidos e na cultura ocidental, mas o exemplo do doutor Brown e de sua equipe nos lembra que diferentes nacionalidades e grupos étnicos estão cada vez mais envolvidos nos vários tipos de tarefas executadas. Como ser humilde e como explorar um maior número de questões pessoais para construir um relacionamento positivo são fatores que se tornam ainda mais importantes e difíceis se não conhecermos as normas de outras culturas. Por exemplo, sei de uma equipe cirúrgica composta de um cirurgião dos Estados Unidos, um enfermeiro muçulmano da Tunísia, um técnico também muçulmano e um anestesista latino. Quando entrevistei o cirurgião, ele não só admitiu desde o início que "era completamente dependente deles" como logo me falou dos muitos meios a que tinha recorrido para conseguir conhecê-los e do tempo que passara informalmente com eles. Sente agora que estão completamente à vontade uns com os outros e confia que sejam totalmente abertos com ele. Conhecer de modo generalizado algo sobre essas outras culturas não ajudou, mas personalizar sistematicamente o relacionamento com os membros da equipe sim.

Confiança e economia social

Ser humilde, perguntar em vez de afirmar, tentar personalizar até certo nível o relacionamento requerem certa dose de confiança, mas *confiança* é uma dessas palavras cujo significado todos nós achamos que conhecemos, mas é muito difícil definir. Confiança no contexto de uma conversa é acreditar que a outra pessoa está entrosada comigo, não tira vantagem sobre mim, não me deixa constrangido nem me humilha, me diz a verdade e, no contexto mais amplo, não me engana, trabalha a meu favor e me ajuda em relação aos objetivos com os quais concordamos.

A importância do entrosamento básico pode ser vista em nossas rotinas diárias considerando-se para quem olhamos, para quem inclinamos nossa cabeça e com quem falamos. Se eu passo por um estranho na rua, meu olhar cruza com o dele e ambos seguimos sem qualquer outro contato, isso parece normal porque não esperamos entrosamento. Mas se vejo alguém que conheço, nossos olhares se cruzam, sorrio e a outra pessoa não dá sinal de reconhecimento, sinto que algo não está bem. Não fui reconhecido ou apreciado. Por que não? O que há de errado? É essa sensação de que alguma coisa não está bem que nos faz lembrar de quanto contamos com o reconhecimento mútuo e a reciprocidade.

Podemos ter esquecido o nome de alguém, mas nosso olhar e nossa atitude dizem à outra pessoa que a reconhecemos. Tornar-se socialmente invisível pode ser traumático. A sociedade está baseada numa soma mínima desse tipo de confiança tomada como evidente. Confiamos que seremos identificados como parceiros humanos e que o eu que apresentamos será aceito. Isso é tomado como evidente no sentido de que, quando dizemos olá para alguém num verdadeiro cumprimento ou apenas abanamos a cabeça, esperamos algum tipo de reação. Se fizermos uma pergunta, esperaremos algum tipo de resposta. Se pedirmos ajuda, esperaremos ser ajudados ou que seja justificado o motivo de não podermos ser ajudados. Se pedirmos a outros que façam alguma coisa, esperaremos que o façam ou que deem uma razão para não poderem fazer.

A vida em uma sociedade civilizada é uma troca, e todos nós aprendemos as regras da cultura em que fomos criados sobre quando e como mostrar reciprocidade. Pensamos nesses comportamentos como boas maneiras, etiqueta e tato, esquecendo, às vezes, que eles não são opcionais – são a própria base da sociedade.

A confiança básica é aprendida e continuamente testada enquanto crescemos numa sociedade civilizada. As regras básicas vão variar de uma cultura para outra, mas toda cultura terá essas regras. Como membros adultos da sociedade, sabemos como nos entrosar uns com os outros, como ser educados e diplomáticos. Tudo isso é dado por certo, tornando a vida diária tranquila e previsível. E na maioria do tempo não pensamos nisso a não ser que algo saia errado ou que se queira alguma coisa a mais dos outros – que se queira influenciar, ajudar, dominar, seduzir, ensinar, aprender ou, de alguma maneira, estabelecer uma relação que seja mais que mero entrosamento.

Se quisermos atingir um nível *mais elevado* de confiança porque reconhecemos nossa dependência de alguém ou estamos pessoalmente atraídos por alguém, como transmitiremos isso? Como mostramos interesse? Se quisermos demonstrar aos outros que eles podem confiar em nós, como transmitiremos isso? Se quisermos ser úteis e atenciosos, como demonstraremos isso sem involuntariamente ofender os outros, oferecendo algo que eles não precisam ou não querem? Se nos apaixonamos, como construímos o relacionamento? Em todos esses casos, um elemento-chave é aprender a se tornar mais vulnerável por meio da INDAGAÇÃO HUMILDE e da personalização. Isso pode ser difícil porque a pessoa se arrisca a ser esnobada ou ignorada, o que pode ser humilhante. No entanto, é essencial porque mostra à outra pessoa que estamos dispostos a investir alguma coisa, a ir mais longe do que ter apenas um relacionamento mínimo voltado para a tarefa. Nossa exposição, nossa vulnerabilidade, é o ingrediente fundamental para tornar o relacionamento mais pessoal.

Em resumo

A INDAGAÇÃO HUMILDE é necessária quando queremos construir um relacionamento que vá além da civilidade rudimentar, porque podemos nos ver em diferentes tipos de interdependências em que a informação franca, relevante para a tarefa, deve ser transmitida através de fronteiras de *status*. A ênfase da cultura americana na execução da tarefa, na competitividade interpessoal e no *afirmar* em vez do *perguntar* torna mais difícil indagar humildemente porque isso pode revelar fraqueza e, de fato, tornar a pessoa vulnerável. Mas, paradoxalmente, só aprendendo a praticar mais a INDAGAÇÃO HUMILDE podemos desenvolver a confiança mútua necessária para trabalhar efetivamente em conjunto e abrir os canais de comunicação. Tal abertura pode ocorrer em torno da própria tarefa, tornando-se mais pessoal. A maneira como esse processo de construção de relacionamento se desenvolve depende ainda de outra complexidade a ser investigada no capítulo seguinte: nossa própria dinâmica intrapsíquica, o quanto estamos dispostos a ser abertos e até que ponto percebemos nossas tendências cognitivas e emocionais.

> **PERGUNTAS PARA O LEITOR**
>
> - Pense em sua situação de trabalho. Que tipo de pergunta seria considerado excessivamente pessoal?
> - Se você quisesse construir mais que um relacionamento confiável com um de seus subordinados, como trataria isso? Até que ponto estaria disposto a ser pessoal?

- Pense na sua ocupação. Está consciente de quaisquer normas ou regras em sua ocupação sobre como se relacionar com pessoas de *status* mais elevado ou inferior ao seu?
- Reserve agora alguns minutos para refletir tranquilamente sobre o que aprendeu em geral até aqui.

6
Forças dentro de nós como inibidores

Para compreender plenamente o papel da INDAGAÇÃO HUMILDE como meio de construir um relacionamento positivo, temos de examinar melhor a complexidade da comunicação. Temos de compreender como as regras que a cultura nos ensina quanto ao que é ou não apropriado para perguntar ou dizer em determinada situação influenciam nosso processo interno de comunicação. Como tenho enfatizado, ser um cidadão responsável na sociedade engloba a aceitação das regras sobre como lidar com os outros e como conduzir conversas que demonstrem reciprocidade, atitude correta e aceitação do mérito reivindicado por cada pessoa. Quando não alcançamos reconhecimento ou achamos que estamos dando mais do que recebendo das conversas ou que fomos obrigados a nos calar, ficamos angustiados, nos sentimos desrespeitados e humilhados. A INDAGAÇÃO HUMILDE deveria ser um meio confiável de evitar esses resultados negativos em uma conversa. Então, por que não a praticamos mais no dia a dia?

Acontece que, às vezes, não queremos construir um relacionamento positivo; queremos estar por cima e vencer. Em algumas ocasiões, somos tentados a usar a INDAGAÇÃO HUMILDE como um estratagema para obter vantagem sobre a outra pessoa, mas, como veremos, isso pode ser perigoso porque estaremos provavelmente enviando sinais de modo confuso e nossa falta de sinceridade poderá transparecer. Nesse caso, de fato enfraqueceremos o relacionamento e criaremos desconfiança.

Uma segunda razão é que, em todas as culturas, há regras específicas sobre o que *não* é bom perguntar e/ou falar em qualquer situação, o que justifica a prudência quando tentamos personalizar relacionamentos por meio da INDAGAÇÃO HUMILDE. Essa prudência aumenta consideravelmente quando estamos conversando com pessoas de outras culturas e se estamos tentando decifrar o que é uma abertura adequada com relação à autoridade e à construção de confiança.

Neste capítulo, apresento primeiro um modelo interpessoal que investiga essa questão e explica por que enviamos sinais misturados, por que a INDAGAÇÃO HUMILDE que não é sincera causa dano, por que o *feedback* interpessoal é tão complicado e como a INDAGAÇÃO HUMILDE pode evitar algumas dessas dificuldades. Mais para o fim do capítulo, examinamos um modelo intrapessoal que explica por que, com tanta frequência, mesmo a INDAGAÇÃO HUMILDE bem intencionada pode não ser eficaz e por que é realmente difícil *aproveitar nossa ignorância*, fazer perguntas cujas respostas realmente não conhecemos.

A Janela de Johari: quatro partes do nosso eu sociopsicológico

A Janela de Johari é uma simplificação útil inventada por Joe Luft e Harry Ingham para explicar a complexidade da comunicação.[11] Cada um de nós entra nas situações ou nos relacionamentos novos com um *eu aberto* culturalmente definido – queremos ter acesso aos tópicos sobre os quais estamos dispostos a falar e que sabemos que são bons para abordar com estranhos: o tempo, de onde você é, "nome, profissão e número de série" e informações relacionadas à tarefa. Todos nós aprendemos o que é apropriado em determinada situação. O que conversamos com um vendedor e o que conversamos com um estranho numa festa são assuntos diferentes, mas inteiramente circunscritos pela cultura. Também desenvolvemos critérios nítidos do que é pessoal e do que não é.

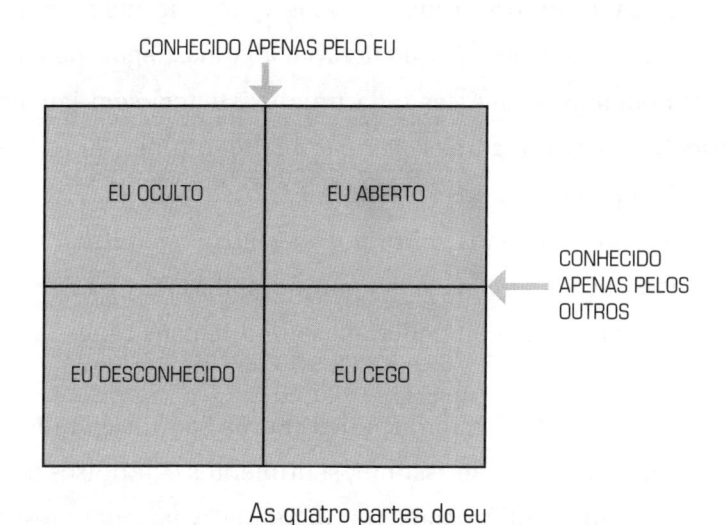

CONHECIDO APENAS PELO EU

EU OCULTO	EU ABERTO
EU DESCONHECIDO	EU CEGO

CONHECIDO APENAS PELOS OUTROS

As quatro partes do eu

Quando conversamos com outras pessoas, enviamos uma variedade de sinais além daqueles intencionais que vêm do nosso eu aberto. Nossa linguagem corporal, nosso tom de voz, nosso *timing* e nossa cadência da fala, nossa roupa e nossos acessórios, o modo como movemos os olhos, tudo transmite algo para a outra pessoa, que forma uma impressão total de nós baseada em todos os dados que lhe enviamos. Como grande parte dessa informação é passada sem que tenhamos consciência disso, devemos admitir que também temos um *eu cego*, os sinais que enviamos sem termos consciência de que os enviamos, que não obstante criam a impressão que os outros têm de nós.

Uma das ironias da vida social é que tais impressões podem ser objeto de mexericos que os outros fazem a nosso respeito, mas que talvez nunca nos sejam revelados. Assim como formamos impressões dos outros, devemos saber que eles formam impressões de nós, mas, a não ser que criemos circunstâncias especiais que dobrem algumas regras da cultura, podemos atravessar toda uma existência sem jamais descobrir o que algumas pessoas realmente pensaram de nós. Essa percepção nos apresenta ao nosso *eu oculto* – todas as coisas que sabemos sobre nós mesmos e os outros, mas que não devem ser reveladas porque poderiam ofender ou prejudicar os outros ou poderiam ser muito constrangedoras para nós mesmos.

As coisas que ocultamos dos outros são inseguranças que temos vergonha de assumir, sentimentos e impulsos que consideramos antissociais ou incompatíveis com nossa autoimagem, recordações de eventos em que fracassamos ou tivemos um desempenho inferior ao considerado bom segundo nossos próprios padrões e, o mais importante, reações ao comportamento de outras pessoas que julgamos ter sido indelicado ou doloroso lhes revelar francamente.

Percebemos que, num processo de construção do relacionamento, o problema mais difícil é saber até que ponto podemos ir na revelação de algo que normalmente ocultaríamos, sabendo ao mesmo tempo que, a não ser que nos abramos mais, não poderemos construir o relacionamento. Quando tal abertura é formatada, como em seminários especiais ou encontros preparados para o objetivo, rotulamos de *feedback* essa categoria de comunicação. As contorções pelas quais passamos para obter *feedback* refletem as restrições culturais para não dizer cara a cara aos outros o que na verdade pensamos deles. A relutância que manifestamos quando alguém nos pede um *feedback* reflete o grau em que estamos por conta do medo de ofender ou humilhar. Escapamos do problema tentando enfatizar um *feedback* positivo, sabendo muito bem que o que estamos de fato ansiosos para ouvir dos outros, para que possamos melhorar, é em que ponto eles nos veem como incompletos ou imperfeitos. Vemos todas as nossas imperfeições porque nosso eu oculto está cheio de dúvidas e autocríticas e nos perguntamos se os outros percebem as mesmas falhas. E naturalmente eles o fazem, mas de modo algum nos diriam, em parte porque isso nos autorizaria a lhes falar sobre as falhas deles, e então nós perderíamos a nossa autoestima.

Perguntar e revelar algo que é pessoal são meios de romper essa camisa de força cultural. Podemos largar o eu profissional, orientado para a tarefa, e perguntar ou revelar algo que, sem dúvida, nada tem a ver com a situação-tarefa, mas que convida ao entrosamento e a uma resposta mais pessoal. Nesse sentido, a INDAGAÇÃO HUMILDE pode começar com algo que revelamos sobre nós, como um prelúdio para perguntar sobre essa área no outro. Posso preferir dizer algo ao outro que revele HUMILDADE AQUI E AGORA e abra, dessa forma, a porta para personalizar a conversa. O doutor Brown pode dizer à sua equipe durante o almoço como gosta de pescar nas Terras Altas da Escócia, e o doutor Tanaka pode revelar uma paixão pelo golfe. Podem depois brincar sobre a dura rotina de trabalho e contar como ela os impede de conseguir qualquer coisa melhor que a comida oferecida pela cafeteria do hospital.

Se essas primeiras revelações e perguntas forem aceitas e gerarem reciprocidade, a relação se desenvolverá e permitirá "ir mais fundo". Mas tem de ser um processo lento e cuidadosamente calibrado. Lembre-se da charge do *New Yorker* em que um chefe esbravejante diz ao subordinado: "Quero que você me diga exatamente o que pensa de mim... mesmo que isso lhe custe seu emprego". Em outras palavras, muito pode ser conversado antes que o relacionamento chegue ao estágio do *feedback* pessoal, e mesmo depois ele provavelmente funcionará melhor se for restrito aos assuntos relativos à tarefa. O *feedback* pessoal continua sendo perigoso mesmo num relacionamento íntimo.

Num relacionamento que cruza fronteiras hierárquicas, pode ser necessário para a pessoa de *status* mais elevado iniciar a INDAGAÇÃO HUMILDE não com um punhado de perguntas pessoais à equipe, mas com uma revelação sobre si mesma, como no exemplo citado no caso do doutor Brown. Como ofender o chefe é o risco maior, é o chefe que pode ter de definir as fronteiras pessoais, escolhendo cuidadosamente algumas coisas para revelar, o que então legitimará a INDAGAÇÃO HUMILDE para o resto da equipe.

O quarto eu – o *eu desconhecido* – se refere às coisas que nem eu nem as pessoas com quem me relaciono sabem sobre mim. Posso ter escondido talentos que venham à tona numa situação completamente nova. Posso ter todo tipo de pensamento e sentimento inconscientes que emergem de vez em quando e posso ter reações imprevisíveis baseadas em fatores psicológicos ou físicos que me pegam de surpresa. Devo estar preparado para o sentimento ou o comportamento ocasional e imprevisto que brota de mim.

Agora imagine a conversa como uma gangorra social com duas pessoas se conhecendo, uma dança recíproca de autoexposição por meio de um alternar de perguntas e afirmações baseadas em curiosidade e interesse. A exposição gradual ocorrerá por meio de respostas à INDAGAÇÃO HUMILDE ou por meio de revelações deliberadas. Se as primeiras revelações pessoais forem aceitas pelo outro, mais pensamentos e sentimentos pessoais serão gradualmente postos para fora como teste para saber se o outro continuará reagindo positivamente a eles. A cada movimento, reivindicamos um peso um pouco maior para nós mesmos e, assim, nos tornamos um pouco mais vulneráveis. Se a outra pessoa continua a nos aceitar, alcançamos um nível mais elevado de confiança mútua. O que imaginamos como *intimidade* pode ser então considerado algo que revele cada vez mais o que costumamos ocultar.

A INDAGAÇÃO HUMILDE funciona como um convite a ser mais pessoal e é, portanto, a chave para construir um relacionamento mais íntimo. No início de um relacionamento, esse tipo de convite pode ser tão básico quanto o cirurgião sênior perguntar à nova enfermeira e ao técnico o nome deles ou de onde são, mostrando, assim, que tem um interesse pessoal por eles, não apenas por suas funções profissionais.

As conversas, em resumo, são inevitavelmente complexas porque as mensagens são também complexas e repletas de sutilezas mesmo quando o emissor espera que sejam muito simples e diretas. Então, embora a INDAGAÇÃO HUMILDE possa ser definida como uma atitude baseada em nossa curiosidade, sua implementação, na medida em que fazemos perguntas cujas respostas não sabemos, é complexa porque não sabemos ao certo qual deveria ser o objeto de nossa curiosidade ou nossas perguntas podem ser malcompreendidas. Estar curioso em relação a algo e perguntar podem facilmente se tornar atitudes muito pessoais e fazer com que a outra pessoa se ofenda. Portanto as normas culturais sobre o que é pessoal e o que é íntimo têm de ser compreendidas e seguidas a não ser que, por acordo mútuo, as pessoas estejam de alguma forma suspensas em uma "ilha cultural", um conceito que explicarei no último capítulo.

Tendências psicológicas em percepção e julgamento – ORJI (observação, reação, julgamento, intervenção)

O que sai da nossa boca e da nossa conduta geral na conversa depende profundamente do que acontece dentro da nossa cabeça. Não podemos ser propriamente humildes se interpretamos mal ou julgamos mal a situação em que estamos e o que é adequado fazer nessa situação. Temos de nos conscientizar de que nossa mente é capaz de produzir tendências, distorções perceptivas e impulsos inapropriados. Para sermos eficientes na INDAGAÇÃO HUMILDE, devemos fazer um esforço para compreender o que são essas tendências e distorções.

Para começar o aprendizado, precisamos de um modelo simplificador de processos que são, de fato, extremamente complexos porque nosso sistema nervoso reúne simultaneamente dados, processa dados, gerencia de forma proativa quais dados reunir e decide como reagir. O que vemos e ouvimos e como reagimos às coisas é parcialmente guiado por nossas necessidades e expectativas. Embora esses processos ocorram ao mesmo tempo, é importante distingui-los e tratá-los como um ciclo. Isto é, *observamos*

(O), *reagimos* emocionalmente ao que observamos (R), analisamos, processamos, fazemos *julgamentos* baseados em nossas observações e sentimentos (J) e nos comportamos de maneira ostensiva para fazer alguma coisa acontecer – *intervimos* (I).[12] A INDAGAÇÃO HUMILDE é uma categoria de tal intervenção.

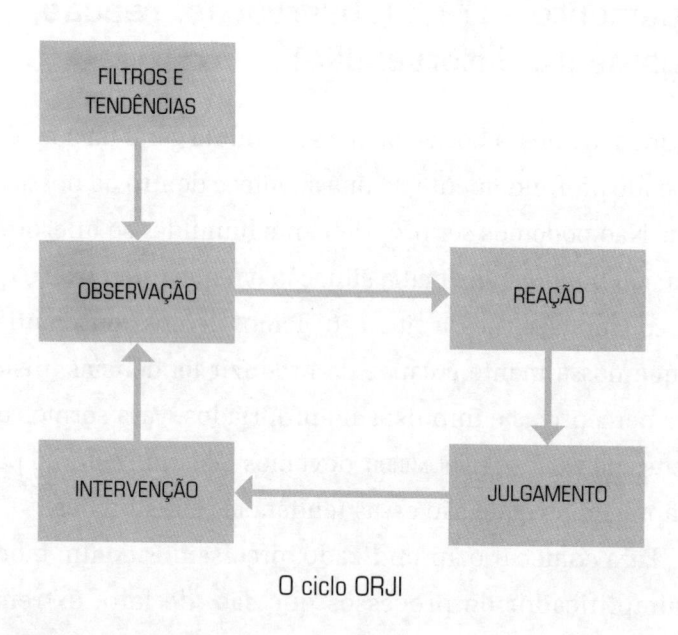

O ciclo ORJI

OBSERVAÇÃO (O)

A observação deveria ser o registro preciso por meio de todos os nossos sentidos do que realmente ocorre no ambiente e de quais são as demandas da situação em que nos encontramos. Na verdade, o sistema nervoso é proativo, programado por meio de muitas experiências anteriores para filtrar os dados que chegam. Vemos e ouvimos mais ou menos o que esperamos ou prevemos baseados em experiência anterior ou, mais significativamente, no que esperamos realizar. Nossos desejos e nossas necessidades distorcem até um grau desconhecido o que percebemos. Bloqueamos grande parte da informação que está potencialmente disponível se ela não se ajusta às nossas necessidades, expectativas, aos nossos preconceitos e prejulgamentos.

Não registramos informação de maneira passiva. Selecionamos dos dados disponíveis o que somos capazes de registrar e classificar, baseados em nossa linguagem e nos conceitos culturalmente aprendidos assim como em nossos desejos e necessidades. Para dramatizar mais o tema, não pensamos e falamos sobre o que vemos; vemos aquilo sobre o que somos capazes de pensar e falar.

As teorias psicanalíticas e cognitivas têm nos mostrado como as distorções perceptivas podem ser extensas. Talvez os exemplos mais claros sejam os mecanismos de defesa *negação* e *projeção*. *Negação* é a recusa a enxergar certas categorias de informação que se aplicam a nós, e *projeção* é ver nos outros o que na verdade está operando em nós. Também tem sido mostrado que nossas necessidades distorcem nossas percepções, como quando nossa sede nos faz vislumbrar um oásis no deserto. Para lidar com a realidade, para empenhar-se em ser objetivo, para tentar ver as coisas como elas realmente são – como tentam fazer os artistas quando querem desenhar ou pintar de forma realista –, temos de compreender e tentar reduzir as distorções iniciais que nosso sistema perceptivo é capaz de usar – e provavelmente o faz.

REAÇÃO (R)

O diagrama do ciclo ORJI mostra que as reações emocionais ocorrem como resultado do que observamos. Há evidência crescente de que a reação emocional pode de fato ocorrer antes da observação ou simultaneamente a ela. As pessoas demonstram medo fisicamente antes mesmo de perceber a ameaça. Sendo assim, o aspecto mais difícil de compreender sobre nossas reações emocionais é que, com frequência, não reparamos absolutamente nelas. Negamos sentimentos ou os encaramos como coisa tão óbvia que, com efeito, os colocamos em curto-circuito e avançamos diretamente para julgamentos e ações. Podemos estar nos sentindo angustiados, irritados, culpados, constrangidos, alegres, agressivos ou felizes e, no entanto, podemos não perceber que estamos nos sentindo assim até alguém nos perguntar como estamos nos sentindo ou tirarmos um tempinho para refletir sobre o que está acontecendo dentro de nós.

Um exemplo comum ocorre quando estamos dirigindo e, inesperadamente, alguém começa a nos fechar. A sensação momentânea de ameaça é uma reação que nos faz observar que a pessoa está nos dando a fechada, o que leva primeiro ao julgamento instantâneo de que ela não tem esse direito e depois à intervenção, que nos faz acelerar para impedir aquilo ou parar no sinal seguinte para gritar com a pessoa que nos fechou. O julgamento instantâneo nos afasta da alternativa mais segura – reduzir para deixar que o outro carro passe.

Os sentimentos são parte importante de cada momento da vida, mas aprendemos cedo que há muitas situações em que os sentimentos devem ser controlados, reprimidos, dominados e, de várias outras maneiras, suprimidos ou negados. Quando compreendemos os papéis sexuais e os papéis ocupacionais, e quando nos tornamos socializados em determinada cultura, aprendemos quais sentimentos são aceitáveis e quais sentimentos não são, quando é apropriado expressar sentimentos e quando não é, quando os sentimentos são "bons" e quando são "maus".

Em nossa cultura pragmática orientada para a tarefa também aprendemos que os sentimentos não devem influenciar os julgamentos, que os sentimentos são uma fonte de distorção. E nos dizem para não agirmos impulsivamente com base em nossos sentimentos. Mas, paradoxalmente, acabamos com frequência agindo *principalmente* com base em nossos sentimentos quando estamos menos conscientes deles, embora nos iludindo de que estamos agindo cuidadosamente por meio apenas de julgamentos. E estamos, com frequência, bastante inconscientes das influências que nossos sentimentos têm em nossos julgamentos.

Não é a impulsividade em si que causa dificuldade – é agir com base em impulsos que não são conscientemente compreendidos e, portanto, não são avaliados antes da ação que nos traz problemas. O maior problema em torno dos sentimentos, então, é encontrar meios de entrar em contato com eles para que possamos aumentar nossas áreas de opção. É essencial que sejamos capazes de saber o que estamos sentindo, tanto para evitar prevenções ao reagir quanto para usar os sentimentos como um indicador que diagnostica o que pode estar acontecendo no relacionamento.

Praticar a INDAGAÇÃO HUMILDE antes de julgarmos e agirmos se torna um meio importante de impedir consequências infelizes. Lembre-se da história do pai que gritou com a filha por ela interromper seu estudo em vez de *perguntar* por que ela havia batido na porta do escritório. Com relação a isso, um uso importante da INDAGAÇÃO HUMILDE é interrogar a si mesmo antes de agir. Pergunte a si mesmo: "O que estou sentindo?", antes de passar ao julgamento e à ação. Se um motorista tivesse feito essa pergunta antes de acelerar, poderia ter sentido o clima ameaçador e continuado com "Será que sou tão tolo a ponto de me arriscar a um acidente quando nem mesmo sei por que esse outro motorista está com tanta pressa?".

JULGAMENTO (J)

Estamos continuamente processando dados, analisando informação, avaliando e fazendo julgamentos. Essa capacidade de analisar antes da ação é o que torna os seres humanos capazes de planejar um comportamento sofisticado para cumprir metas complexas e sustentar cadeias de ação que nos colocam anos no futuro. A capacidade de planejar visando ao futuro e organizar nossas ações de acordo com o planejado é um aspecto único da inteligência humana. Ser capaz de raciocinar de forma lógica é, naturalmente, essencial. Porém todas as análises e os julgamentos em que nos envolvemos só têm valor na medida em que os dados em que eles estão baseados têm valor. Se os dados que operamos não forem bem compreendidos ou nossos sentimentos os distorcerem, nossa análise e nossos julgamentos serão falhos.

De pouco adianta efetuar um planejamento e exercícios de análise sofisticados se não prestarmos atenção no modo como a informação que utilizamos é adquirida e não percebermos quais tendências podem existir nela. Nem a análise nos ajudará se inconscientemente fizermos nosso raciocínio tender para nossas reações emocionais. Como tem sido mostrado que, mesmo nas melhores condições, só somos capazes de uma racionalidade limitada e cometemos sistemáticos erros cognitivos, devíamos pelo menos tentar minimizar as distorções na entrada inicial das informações.

A implicação mais importante é reconhecer desde o início que nossa capacidade de raciocínio é limitada e que é apenas tão boa quanto os dados nos quais está baseada. A INDAGAÇÃO HUMILDE é um meio confiável de reunir dados. Por exemplo, quando percebo que alguém estendido na calçada precisa de ajuda, antes de estender a mão para ajudá-lo, eu devia perguntar: "Precisa de ajuda? Como posso ajudá-lo?". Ou se meu chefe me disser, depois da reunião, "essa apresentação não foi boa", eu perguntar "pode me dizer um pouco mais a que aspecto está se referindo?" antes de me lançar a explicações defensivas.

INTERVENÇÃO (I)

Ao fazer algum tipo de julgamento, agimos. O julgamento pode não ser mais que a decisão de agir por impulso emocional, mas ainda assim é um julgamento, e é perigoso ficar inconsciente dele. Em outras palavras, quando agimos por impulso, quando manifestamos o que pensamos como reações reflexas, é como se estivéssemos pondo em curto-circuito o processo de julgamento racional. De fato, o que estamos fazendo não é provocar um curto-circuito, mas dar um excesso de crédito a uma observação inicial e à nossa resposta emocional a ela. Reações reflexas que nos trazem problema são intervenções que são julgamentos baseados em dados incorretos, não necessariamente maus julgamentos. Se alguém estiver me atacando e eu reagir com um contra-ataque instantâneo, isso poderá ser uma intervenção muito válida e apropriada. Mas se eu tiver uma percepção errada e a pessoa não estiver absolutamente me atacando, meu contra-ataque me fará parecer o agressor e poderá me levar a um sério colapso de comunicação.

A principal razão pela qual a INDAGAÇÃO HUMILDE se torna uma técnica tão importante é que a curiosidade e o interesse genuíno minimizam a probabilidade de má percepção, de mau julgamento e, portanto, de comportamento inapropriado. Na cultura do *afirmar*, o problema maior é que realmente não sabemos até que ponto o que dizemos é válido ou apropriado para a situação. Se quisermos construir um relacionamento com alguém e abrir canais de comunicação, teremos de fazer todo o possível para não operar com dados incorretos. Conferir as coisas perguntando de uma maneira humilde se torna então uma atividade fundamental na construção do relacionamento.

A reconstrução refletida do ciclo ORJI revela com frequência que nosso julgamento é lógico, mas está baseado em "fatos" que podem não ser precisos; por isso o resultado pode não ser absolutamente lógico. Segue-se, portanto, que a parte mais perigosa do ciclo é o primeiro passo, quando tomamos por evidente que o que percebemos é válido o suficiente para nos servir como base de ação. Fazemos atribuições e prejulgamentos em vez de nos concentrarmos o máximo possível no que realmente aconteceu e no que a outra pessoa realmente queria dizer. A época em que a INDAGAÇÃO HUMILDE é com frequência mais necessária é quando observamos algo que nos deixa irritados ou ansiosos. É nesses momentos que precisamos desacelerar, perguntar aos outros de um modo humilde para verificarmos os fatos e perguntar a nós mesmos até onde nossa reação é válida antes de fazermos um julgamento e partirmos para a ação.

Em resumo

Quando examinamos os dois modelos de comunicação em conjunto, podemos ver que mesmo a conversa do dia a dia é uma dança complexa que envolve decisões a cada momento sobre o que dizer, como dizer e como responder ao que o outro diz. O que optamos por revelar é em grande parte produto da nossa percepção da situação e da nossa compreensão das regras culturais que se aplicam nessa situação. Nossas inclinações iniciais pelo que percebemos e sentimos; pela maneira como julgamos situações e como reagimos, tudo reflete nossa cultura e nossa história pessoal. Somos todos diferentes porque temos diferentes histórias, tanto em termos culturais quanto em termos pessoais. E, mais importante, as percepções que temos de nossos papéis, cargos e *status* em determinada situação nos predispõem a presumir que sabemos o que nos é apropriado. Situações em que os participantes têm diferentes percepções de seus papéis, cargos e *status* são, portanto, as mais vulneráveis à comunicação falha e à ofensa ou ao constrangimento involuntário. É, de fato, um milagre que nos comuniquemos tão bem.

Língua comum baseada numa cultura comum ajuda. Perceber as complexidades como descritas neste capítulo ajuda. E uma tendência a perguntar antes de afirmar ou partir para a ação ajuda. A razão pela qual perguntar é mais um ponto forte do que uma fraqueza é que a pergunta nos dá maior oportunidade de entender o que está realmente acontecendo antes de agir.

Se as tarefas que a sociedade enfrenta estão se tornando mais complexas e interdependentes e se as pessoas que resolvem os problemas que operam nessas tarefas ocupam cada vez mais diferentes posições, *status* e culturas, a capacidade de perguntar de um modo humilde se tornará cada vez mais importante. No capítulo final, forneço algumas orientações básicas para nos tornarmos mais competentes nesta complexa tarefa de INDAGAÇÃO HUMILDE.

PERGUNTAS PARA O LEITOR

- Pense numa conversa recente. Pergunte a si mesmo se esteve captando diferentes mensagens por intermédio do que a pessoa estava dizendo (eu aberto) e do que você estava sentindo (eu cego).
- Agora pense em si mesmo: quais sinais você poderia estar enviando do eu cego?
- Revelar ao cônjuge, parceiro ou a um bom amigo o que você pensa são sinais que você envia do eu cego. Peça comentários, elaboração e esclarecimento para que possa aprender mais sobre suas comunicações.
- Pense em acontecimentos recentes e procure se lembrar de um incidente em que você tenha agido de modo inadequado. Reconstrua o que saiu errado: observação imprecisa, reação emocional inadequada, mau julgamento ou ação imprópria. Pergunte a si mesmo em que ponto do ciclo você poderia ter feito uma ação corretiva.
- Reserve agora alguns minutos para refletir tranquilamente sobre o que aprendeu em geral até aqui.

7 Desenvolvendo a atitude de indagação humilde

As técnicas de perguntar em geral e a INDAGAÇÃO HUMILDE em particular serão necessárias em três amplos domínios: 1) em sua vida pessoal, para capacitá-lo a lidar com uma crescente diversidade cultural em todos os aspectos do trabalho e da vida social; 2) em organizações, para identificar necessidades de colaboração entre unidades de trabalho interdependentes e para facilitar tal colaboração; e 3) em sua função de líder ou administrador, para criar os relacionamentos e o clima que promoverão a comunicação aberta necessária para a segura e eficiente execução de uma tarefa.

As atitudes e os comportamentos requeridos em cada uma dessas três áreas são até certo ponto contraculturais e vão exigir, portanto, que desaprendamos alguma coisa e criemos um novo aprendizado. Em particular, certa ampliação de nossa percepção e de algumas noções será necessária para nos ajudar a identificar quando e onde poderemos *afirmar* menos e *perguntar* mais. Creio que todos nós precisaremos pensar mais ampla e profundamente sobre o papel dos relacionamentos no mundo complexo e diversificado do futuro, que vão exigir um uso muito maior da INDAGAÇÃO HUMILDE para ser construídos.

Num livro recente e muito oportuno – *Dancing at the Edge* –, os autores sugerem que viver no século XXI vai exigir um novo tipo de ser humano, que seja mais consciente de si, mais social, mais sábio em termos culturais e mais inovador ao partir para a ação.[13] Eles sugerem ainda que todos nós já temos as aptidões para o crescimento pessoal que será necessário. Concordo com esse ponto de vista e acredito que todos nós somos capazes de ser mais humildes e mais indagadores. Então, o que vamos fazer?

As duas ansiedades de desaprender e ter um novo aprendizado

Aprender coisas novas é fácil quando não há um desaprendizado envolvido. No entanto, se o novo aprendizado, a atitude de INDAGAÇÃO HUMILDE, tem de deslocar alguns velhos hábitos de *afirmar*, entram em jogo duas ansiedades que devem ser administradas. O que chamo de *ansiedade de sobrevivência* é a percepção de que, a menos que aprendamos o novo comportamento, ficaremos em desvantagem. A ansiedade de sobrevivência fornece a motivação para aprender. Contudo, quando enfrentamos a tarefa de aprender e desenvolvemos novas atitudes e um novo comportamento, percebemos que pode ser difícil; podemos não estar dispostos a tolerar o período de incompetência enquanto aprendemos ou nossos amigos podem não compreender ou aceitar nosso novo comportamento. Prever todas essas dificuldades potenciais gera a *ansiedade de aprendizado*, e isso provoca resistência à mudança. Já que a ansiedade de aprendizado continua sendo mais forte que a ansiedade de sobrevivência, resistiremos à mudança e evitaremos o aprendizado.

Poderíamos argumentar então que, para aprender, devemos aumentar a ansiedade de sobrevivência, mas isso só aumenta nossa tensão total. Para facilitar um novo aprendizado, precisamos *diminuir a ansiedade de aprendizado*. Temos de sentir que vale a pena buscar o novo comportamento, que é possível aprender, que teremos orientação, treinamento e apoio para nos fazer dar a partida e que haverá oportunidades de praticar. Se o que estamos aprendendo é um tanto contracultural, nós mesmos temos de fornecer esses apoios. Então, quais poderiam ser esses meios de apoiar a nós mesmos no processo de aprendermos a ser mais humildes e mais indagadores?

DESACELERE E VARIE O PASSO

Vamos voltar ao exemplo da corrida de revezamento: quando você dá início a sua volta, é apropriado correr o mais rápido possível. Mas quando você entrar na área de passagem do bastão, terá de desacelerar, estender o braço com o bastão, esperar até que ele seja agarrado com firmeza e então seguir num passo lento e ritmado para descansar e se preparar para a próxima corrida. A pessoa para quem você passou o bastão tem de começar a acelerar coordenada com sua desaceleração, estender a mão, esperar que o bastão seja entregue, agarrá-lo com força e então correr o mais rápido possível até a área de passagem do próximo bastão. A cultura do *fazer* e do *dizer* não nos ensina como mudar o passo, desacelerar, avaliar o que estamos fazendo, observar a nós mesmos e aos outros, tentar novos comportamentos, construir novos relacionamentos.

Em minha vida pessoal, especialmente agora que estou envelhecendo, descubro que os maiores erros que cometo e os maiores riscos que enfrento resultam todos de uma pressa irracional. Se corro, não presto atenção suficiente ao que está se passando, o que torna os erros mais prováveis. Pior ainda, se corro, não percebo novas possibilidades. Compreender a INDAGAÇÃO HUMILDE não é aprender a correr mais depressa, mas a desacelerar para ter certeza de que observamos com cuidado e avaliamos plenamente a realidade situacional. Isso é garantir que o bastão seja passado com êxito. No ritmo rápido do trabalho, podemos ter pausas breves, arranjar tempo para o cafezinho, conversar junto ao bebedouro ou da máquina de xerox. Não podemos praticar nesses momentos uma pequena INDAGAÇÃO HUMILDE?

Se realizações bem-sucedidas da tarefa requerem a construção de um novo relacionamento com um colega de quem estarei dependente, quanto tempo isso realmente levará? Personalizar o relacionamento, fazer algo informal em conjunto, como um encontro no almoço ou no jantar, não precisa ser uma produção que consuma muito tempo. Se o doutor Brown de fato quer que a equipe cirúrgica se comunique de modo eficiente com ele, tudo que tem a fazer a princípio é reunir o grupo num ambiente menos formal e pedir aos seus membros da equipe, numa base mais pessoal, que discutam com ele para que descubram qual é a melhor maneira de trabalharem juntos. O ato essencial de INDAGAÇÃO HUMILDE está em reuni-los. E se interessar por eles como pessoas antes de pedir que ajudem cria um bom clima de comunicação. Isso não precisa levar muito tempo, mas implica num ritmo diferente. Qualquer líder pode fazê-lo.

O estágio de aprendizado em que um relacionamento está sendo construído requer desaceleração e que seja criada confiança, mas, assim que o relacionamento é construído, o trabalho realmente é feito muito mais depressa.

REFLITA MAIS E FAÇA *A SI MESMO* PERGUNTAS DE INDAGAÇÃO HUMILDE

Em nossa cultura impaciente orientada para a tarefa de fazer e afirmar, a coisa mais importante a aprender é como refletir. Não saberemos quando é essencial ser humilde e quando é apropriado afirmar a menos que consigamos avaliar melhor a natureza da situação em que estamos, qual é o estado atual de nossas relações com os outros e, mais importante, o que está se passando em nossa cabeça e no nosso coração. Um meio de aprender a refletir é aplicar a INDAGAÇÃO HUMILDE a nós mesmos. Antes de partir para a ação, podemos nos perguntar: O que está acontecendo aqui? Qual seria a coisa adequada a fazer? O que estou pensando, sentindo e querendo? Se a tarefa é para ser cumprida de forma eficiente e segura, será especialmente importante responder a estas perguntas: De quem dependo? Quem depende de mim? Com quem preciso construir um relacionamento para melhorar a comunicação?

FIQUE MAIS ATENTO

A reflexão implica ficar mais *atento*. O melhor meio de explicar o importante conceito de *atenção plena* de Ellen Langer é relatando a reveladora experiência que tive com ela.[14] Num verão, em Cape Cod, minha netinha, Stephanie, fez um corte na cabeça numa mesa de vidro. Como não havia médicos disponíveis de prontidão, tivemos de entrar no carro e rodar duas horas até o hospital mais próximo. Esperamos ainda mais uma hora até que o corte fosse suturado, dirigimos duas horas para voltar ao nosso chalé e, enfim, fomos para a cama às duas da madrugada. Na manhã seguinte, eu e minha esposa Mary encontramos Ellen nas quadras de tênis de Provincetown e contamos nossa noite terrível. Ela nos olhou durante um bom tempo e perguntou: "Bem, o que *mais* estava acontecendo durante todo esse tempo?". Por um instante, ficamos desconcertados, mas ela prosseguiu: "Pelo que entendi, estiveram com sua neta das oito da noite às duas da manhã. *O que mais* estava acontecendo durante todo esse tempo?". E então a névoa se dissipou. No carro e durante todo esse período de espera, Stephanie se manteve alegre, falante, encantadora. Tínhamos passado seis horas especiais com ela e deixamos nossa autopiedade sobre o avançado da hora extinguir a possibilidade de desfrutar essa grande experiência.

O que Ellen nos fez lembrar foi que colhemos uma grande quantidade de dados, mas nossa tendência de partir para um julgamento nos impede de refletir sobre a maioria deles. Por isso sua pergunta – "o que mais está acontecendo?" – devia se tornar um importante mantra não só para nos levar a refletir, mas também na avaliação instantânea das situações em que estamos entrando. Como a INDAGAÇÃO HUMILDE presume avaliação precisa da situação, perguntar a nós mesmos o que mais está acontecendo é essencial. Paradoxalmente, isso envolve aprender a ser humilde com relação a nós mesmos – para honrar nossa capacidade humana de absorver e lidar com a complexidade, de ter uma ampla gama de experiências e de reagir rapidamente a essas experiências. O chefe durão e confiante pode descobrir, depois de uma reflexão, que tem a capacidade e até mesmo o desejo de tentar uma abordagem diferente, de se aproximar de um subordinado e dizer de modo gentil: "No que você está trabalhando? Conte-me...".

TENTE INOVAR E ATRAIR O ARTISTA DENTRO DE VOCÊ

Passar a refletir melhor e a ampliar nossa capacidade de ver e sentir é difícil porque a cultura nos condiciona num grau muito elevado. Para romper esses condicionamentos, precisamos mobilizar as artes e nossos impulsos artísticos. Os artistas aprendem a se expandir – a ver mais, a sentir mais, a fazer mais. No caso do teatro e da atuação no palco, aprendem incorporando novos papéis. No caso da pintura, aprendem a disciplina de ver com precisão o que está lá fora antes de tentar reproduzi-lo. Aprendem novas teorias para trabalhar com a cor e adquirem novas habilidades motoras ao empunhar um lápis ou um pincel. O impacto disso me foi demonstrado quando acompanhei um curso de pintura em aquarela para um grupo de adultos desempregados, ex-desabrigados sem ocupação definida. Observei como aquelas doze pessoas cresciam diante dos meus olhos à medida que eram instruídas a dar pinceladas simples e testemunhei a habilidade que tinham para pôr a pintura no papel e fazê-la se parecer com alguma coisa.

Fazer algo artístico expande a mente e o corpo. Não importa se o que fazemos chega a ser bom ou não; importa tentar algo realmente novo, que é a expansão do ego. Acho que há um artista em cada um de nós, mas não honramos o bastante a parte criativa de nós mesmos. Uma oportuna INDAGAÇÃO HUMILDE que lance uma conversa que leve a um relacionamento devia ser imaginada como algo belo. Inovações na maneira como conduzimos as conversas deveriam ser tratadas como arte. Numa reunião estratégica de setenta executivos do sistema de saúde, pediram que uma colega, Ilene Wasserman, criasse um evento que pusesse os executivos em algum tipo de relacionamento mútuo para implementar o novo plano. Ela os dividiu em pares aleatórios e deu instruções para que, depois que tivessem se sentado juntos, um começasse dizendo "Então... como vai...?". Brilhante e artístico.

Nada é mais incapacitante do que conduzir um encontro segundo as Regras de Ordem de Robert* e impor o processo político de domínio da maioria a pequenos grupos de trabalho onde seja necessário um comprometimento total. Quando dei início à reunião de minha força-tarefa sobre a campanha financeira pedindo que cada membro nos contasse por que fazia parte da organização, o tema se transformou numa bela conversa. Fico espantado ao ver com que frequência uma pergunta banal do tipo "Como cada um de vocês se sente em relação à direção que estamos tomando?" produz decisões muito melhores que propostas, endossos e votos. Há reconhecimento crescente de que o complexo trabalho de hoje equivale mais ao teatro de improviso e a bandas de jazz que aos modelos burocráticos formais de organização. Não há nada que substitua fazer uma coisa criativa, mesmo quando se trata apenas de fazer rabiscos, manter um diário ou escrever cartas inspiradoras a amigos e parentes. Até mesmo os e-mails podem ser belos, e os blogs estão claramente recorrendo a nosso senso artístico.

Aproveitar nosso senso estético não é difícil. Tudo que precisamos fazer é ir ao teatro, visitar o museu local e, sobretudo, viajar. À medida que o mundo se torna mais culturalmente diversificado, nada é mais importante que

---

* Regras de ordem para assembleias deliberativas. (N.T.)

experimentar outras culturas e descobrir quantas maneiras os humanos encontraram para viver. A maior parte das importantes lições que tive sobre a vida veio do reconhecimento de como pessoas de uma cultura diferente veem as coisas. No mundo do Google, não precisamos sequer viajar fisicamente. Fico espantado ao ver quanto posso viajar e experimentar a arte mesmo pela internet.

APÓS UM EVENTO, REVEJA SEU COMPORTAMENTO E REFLITA SOBRE ELE

Se você aprender a desacelerar, a mudar o passo, a se tornar mais atento e criativo, também terá tempo para desenvolver uma maneira particular de reflexão, que é rever e analisar algo que acabou de fazer. Grupos eficientes reveem suas decisões para verificar o que pode ser aprendido. Quando faz manobras, o exército faz uma revista depois da ação numa tentativa deliberada de obter *feedback* de todos, independentemente do posto. Os hospitais fazem reuniões especiais para reexaminar casos, principalmente quando as coisas não dão certo.

A força do período de revisão de um processo reside no fato de que o chefe pode suspender as regras culturais de deferência e pedir até mesmo às pessoas de posição mais inferior do grupo para falar francamente sobre suas percepções do que ocorreu. Nessas revisões, a INDAGAÇÃO HUMILDE é a forma básica de pergunta para obter informações precisas de todos. A revisão acaba com uma listagem do que todo mundo aprendeu. Como sugerem as perguntas no final dos capítulos, você deve manter uma lista dessas com base em sua revisão do seu próprio comportamento.

ESTEJA SENSÍVEL EM RELAÇÃO ÀS NECESSIDADES DE COORDENAÇÃO EM SEU TRABALHO

Você pode estar pessoalmente satisfeito com suas técnicas de INDAGAÇÃO HUMILDE, mas sua empresa pode estar tendo um desempenho aquém do esperado porque vários empregados ou grupos não reconhecem até que ponto são, de fato, interdependentes. Há uma tendência crescente de admitir que as empresas têm melhor desempenho quando os empregados de diversos departamentos reconhecem seu grau de interdependência e se coordenam, colaborando ativamente uns com os outros. Jody Gittell observou em sua pesquisa sobre o assunto que a chave para a coordenação está nos *objetivos compartilhados, na compreensão mútua do trabalho uns dos outros* e no *respeito mútuo*.[15]

Se você fosse diretor de um grupo de trabalho, ia querer usar a INDAGAÇÃO HUMILDE para determinar o estado atual de interdependência e depois inventar processos em que os relacionamentos necessários pudessem ser construídos para elevar o nível de colaboração. Em indústrias de alto risco, a colaboração, a comunicação aberta e a ajuda mútua se tornam não só uma questão de desempenho eficiente, mas também a chave da segurança, porque o respeito mútuo deve incluir a disposição de se comunicar abertamente através das fronteiras *hierárquicas*.

COMO LÍDER, CONSTRUA RELACIONAMENTOS COM OS MEMBROS DE SUA EQUIPE

O reaprendizado ou novo aprendizado mais difícil para líderes é descobrir sua dependência dos subordinados, adotar a HUMILDADE AQUI E AGORA e construir relacionamentos de alta confiança e comunicação válida com os subordinados. Esse tipo de atitude e comportamento é o mais contracultural, mas, eu creio, é o mais importante a aprender.

As diversas sugestões feitas até agora neste capítulo se combinam para capacitá-lo, como líder, a enfrentar o desafio. Não é necessário dizer que, antes de qualquer coisa, você precisará ter a sensibilidade de perceber a necessidade de tais relacionamentos. Desacelerar, refletir, ficar mais atento, acessar o artista dentro de você e realizar mais revisões de processos – tudo isso levará a um reconhecimento mais claro de quais são as necessidades de coordenação e colaboração em sua situação de trabalho.

CONSTRUA "ILHAS CULTURAIS"

O que falta é conceber meios inovadores de realmente reunir a equipe de trabalho e, por meio da INDAGAÇÃO HUMILDE, começar a construir os necessários relacionamentos de confiança.

Se a equipe é culturalmente homogênea, trata-se de reuni-la num ambiente informal e personalizar a conversa. Tornar-se vulnerável fará surgir uma conversa mais pessoal e, por meio de sucessivas rodadas de perguntas, afirmações e consensos, a confiança e a abertura chegarão ao ponto em que você poderá fazer a pergunta difícil: "Se eu estiver prestes a cometer um erro, vocês vão me dizer?". Você pode então avaliar se atingiu o clima de segurança psicológica em que todos se ajudarão uns aos outros e se comunicarão abertamente. Se isso ainda parece meio duvidoso, você pode perguntar humildemente: "O que precisamos fazer de modo diferente para chegar a esse ponto de ajuda perpétua, mútua?".

Um tipo diferente de inovação será necessário quando os membros de sua equipe forem culturalmente heterogêneos, como acontecia com a equipe do doutor Brown no exemplo do Capítulo 1. Como líder, você não sabe a princípio o que a cultura de cada elemento da equipe prescreve como regra de deferência e conduta e quais são as fronteiras tanto profissionais como pessoais. Estereótipos culturais não ajudam porque você não sabe se o membro de sua equipe se ajusta ao estereótipo.

Para esse tipo de construção de relacionamento, você precisa criar uma "ilha cultural", uma situação em que tentará suspender algumas das regras culturais relativas a relações de autoridade e de confiança. Para fazer isso, você precisa reunir a equipe num ambiente informal, longe do cenário de trabalho, em torno de atividades mais pessoais, como uma refeição ou uma tarefa recreativa. Uma grande empresa suíço-alemã transformou em peça central de seu encontro anual das três classes de executivos de mais alto escalão uma competição num esporte em que ninguém era bom – como tiros de balestra ou algum outro misterioso esporte local. A atividade colocava todos no mesmo nível de *status*, e isso facilitava falar mais abertamente e construir relacionamentos trans-hierárquicos.

Se isso lhe parece um investimento muito grande, você pode reunir o grupo num almoço ou jantar demorado e pedir que os participantes falem especialmente de suas experiências em lidar com autoridade e confiança. Por exemplo, você pode lhes pedir que contem o que teriam feito em seus próprios ambientes culturais se os superiores cometessem ou estivessem prestes a cometer um erro. Ouvindo relatos reais, a equipe pode começar a entender onde há um denominador comum, e você, como líder, pode começar a sentir o que terá de fazer para engendrar uma comunicação aberta.

Uma pergunta semelhante que todos podem responder pode ser: "Como vocês, em seus ambientes culturais, sabiam se podiam ou não confiar uns nos outros e no chefe?". O objetivo é fazer surgir narrativas comportamentais que capacitem todos os membros da equipe a experimentar e aferir o grau de diversidade de regras que estão operando. Até conhecer o alcance de diversas regras, você não tem base para investigar onde pode haver um denominador comum com que todos possam se comprometer.

O mais importante é que as pessoas não se julguem umas às outras, mas procurem um denominador comum. Se os membros da equipe indicarem que em nenhuma circunstância dirão ao chefe quando um erro estiver prestes a ser cometido, você terá de considerar a possibilidade de substituí-los. O importante nessa atividade é imaginar, à maneira de aprendizado, o que pode acontecer na situação real e construir um consenso sobre o que fazer quando ocorrerem surpresas. Você, como chefe, terá de exibir uma postura HUMILDE AQUI E AGORA para ajudar os membros da equipe a assumir riscos e ser francos quanto ao que fariam e com o que estariam comprometidos na situação de trabalho real.

Comentário final

Todos nós vez ou outra nos encontramos em situações que exigem inovação e assumir algum risco. Alguns são líderes formais; a maioria simplesmente vê, de vez em quando, lhe ser imposta uma liderança pelas situações em que se encontra. O desafio supremo é descobrir que, nesses momentos, não devemos sucumbir às afirmações, mas nos comprometermos com a INDAGAÇÃO HUMILDE.

Notas

1. Edgar H. Schein, *Process Consultation Revisited* (Englewood Cliffs, NJ: Prentice-Hall, 1999).
2. Edgar H. Schein, *Helping: How to Offer, Give, and Receive Help* (São Francisco: Berrett-Kohler, 2009).
3. Neste exemplo, o gênero dos personagens reflete a situação atual na medicina e pretende, assim, representar a realidade contemporânea, não o que poderia ser desejável.
4. Edgar H. Schein, *Helping: How to Offer, Give, and Receive Help* (São Francisco: Berrett-Koehler, 2009).
5. Edgar H. Schein, *Organizational Culture and Leadership*, 4ª ed. (São Francisco: Jossey-Bass, 2010).
6. Stephen Potter, *Gamesmanship* (Nova York: Holt, 1951) e *One-Upmanship* (Nova York: Holt, 1952).
7. A. C. Edmondson, *Teaming: How Organizations Learn, Innovate, and Compete in the Knowledge Economy* (São Francisco: Jossey-Bass, 2012).
8. *Ibid.*

9. Edmondson, comunicação pessoal.
10. Melissa Valentine, *Team Scaffolds: How Minimal In-Group Structures Support Fast-Paced Teaming* (dissertação de doutorado não publicada, 2013).
11. Joe Luft, "The Johari Window", *Human Relations Training News* 5, pp. 6-7.
12. Edgar H. Schein, *Process Consultation Revisited* (Englewood, NJ: Prentice-Hall, 1999).
13. Graham Leicester e Maureen O'Hara, *Dancing at the Edge: Competence, Culture and Organization in the 21st Century* (Axminster, Devon: Triarchy Press, 2012).
14. Ellen Langer, *The Power of Mindful Learning* (Reading, MA: Addison-Wesley, 1997).
15. Jody Gittell, *High Performance Healthcare* (Nova York: McGraw-Hill, 2009).

Agradecimentos

Este livro levou muitos anos para ser escrito. A INDAGAÇÃO HUMILDE, como conceito, fazia parte do meu livro sobre a ajuda, *Helping*, mas foi Jeevan Sivasubramaniam quem viu imediatamente que ela devia estar num livro próprio. Resisti durante algum tempo, mas agora agradeço calorosamente a ele os esforços persistentes para me fazer realizar o projeto. Submeti muitas versões a meus colegas do MIT, bem como a amigos consultores, e estou muito grato a todos eles por terem me encorajado e dado um *feedback* sobre o conteúdo do livro. Entre eles, os mais prestativos foram Daniel Asnes, Karen Ayas, Lotte Bailyn, David Coughlan, Tina Doerffer, Jody Gittell, Tom Huber, Mary Jane Kornacki, Bob McKersie, Philip Mix, Joichi Ogawa, Jack Silversin, Emily Sper, John Van Maanen, Ilene Wasserman e os revisores da Berrett-Kohler, que proporcionaram comentários detalhados e sugestões.

Como conceitos e ideias se originam da experiência, tenho de agradecer aos muitos amigos, clientes e desconhecidos que manifestaram tanto o lado bom de como praticar a INDAGAÇÃO HUMILDE quanto o lado mau de me dizer coisas nas horas erradas ou quando eu não estava pronto para ouvi-las. Valorizo tanto o bom quanto o mau e aprendi com os dois.

Quero agradecer aos meus filhos pelo estímulo e apoio quando continuei a trabalhar e a escrever mesmo depois que as condições da minha vida permitiam que eu não esquentasse mais a cabeça e colhesse os frutos. Por fim, quero agradecer à minha nova amiga Claude Madden, que no último ano conviveu com meus altos e baixos enquanto eu tentava moldar em definitivo o que *Liderança sem Ego* ia ser. Ela foi uma fonte constante de estímulo e amparo.

Palo Alto, CA
junho de 2013

Sobre o autor –
nas palavras dele

Este livro representa o apogeu e a essência dos meus cinquenta anos de trabalho como psicólogo social e organizacional. Depois do bacharelado na Universidade de Chicago e na Universidade Stanford, fiz meu doutorado no Departamento de Relações Sociais de Harvard, no início dos anos 1950, como psicólogo social experimental. Passei então quatro anos no Instituto de Pesquisa do Exército Walter Reed e aos poucos fui ficando mais interessado nos detalhes sociológicos do que ocorria entre as pessoas em diferentes tipos de relacionamento.

Minha primeira grande pesquisa foi sobre a doutrinação de prisioneiros militares e civis dos comunistas chineses (*Coercive Persuasion*, 1961), que levou a um exame de tal doutrinação em grandes corporações quando me tornei professor da Escola Sloan de Administração do MIT, em 1956. Parecia óbvio que o próximo passo a seguir seria estudar o processo de interação do indivíduo com a organização, o que levou à bem-sucedida coautoria de um livro sobre o assunto – *Interpersonal Dynamics* (em coautoria com Warren Bennis, Fritz Steele, David Berlew e, mais tarde, John Van Maanen, 3ª ed., 1973) – e a um texto integrado que ajudou a definir o campo (*Organizational Psychology*, 3ª ed., 1980).

A pesquisa de doutrinação e socialização levou inevitavelmente à descoberta, por meio de um painel de estudos de quinze anos, que, numa sociedade aberta como os Estados Unidos, os indivíduos exercerão escolhas e serão capazes de moldar suas carreiras em torno de autoimagens fortes ou "âncoras de carreira" (*Career Dynamics*, 1978; *Career Anchors*, 4ª ed., coautoria com John Van Maanen, 2013).

Trabalhar com seminários de dinâmica de grupo em Bethel, no Maine, e dar consultoria durante muitos anos na Digital Equipment Corporation me levaram ao conceito de *consultoria de processos* e à importante descoberta de que o melhor caminho para ajudar as pessoas a aprender não é lhes dizer isso ou aquilo, mas fazer as perguntas certas e deixá-las compreender por si mesmas. Expliquei isso detalhadamente pela primeira vez em 1969 como uma contribuição à metodologia de consultoria (*Process Consultation*, 1969; *Process Consultation Revisited*, 1999) e descobri que se aplica em muitas situações interpessoais, especialmente quando tentamos dar ou receber ajuda.

Como todos esses processos acontecem dentro de uma cultura, um estudo mais detalhado de culturas organizacionais e ocupacionais levou a um trabalho intensivo sobre cultura corporativa – como pensar nela, como alterá-la e como relacionar a cultura a outros aspectos do desempenho organizacional. Com *Organizational Culture and Leadership* (4ª ed., 2010) e *The Corporate Culture Survival Guide* (2ª ed., 2009), ajudei a definir o campo.

O papel dos líderes tanto como criadores da cultura quanto, também, como vítimas da cultura levou a análises mais detalhadas de processos interpessoais e a dois estudos empíricos de culturas organizacionais – *Strategic Pragmatism: The Culture of Singapore's Economic Development Board* (1996) e *DEC Is Dead, Long Live DEC: The Lasting Legacy of Digital Equipment Corporation* (2003).

Os anos de consultoria, ensino e treinamento levaram inevitavelmente à percepção de que alguns processos, como o de *ajuda*, não eram bem compreendidos e, com frequência, eram praticados de maneira precária. O livro *Helping: How to Offer, Give, and Receive Help* (2009) foi, assim, uma tentativa tanto de analisar quanto de melhorar esse processo. Foi nessa análise que percebi que a INDAGAÇÃO HUMILDE não é apenas necessária quando damos ou recebemos ajuda, mas é uma forma geral de perguntar que constrói relacionamentos. Percebi ainda que a construção de relacionamentos positivos está no centro da comunicação eficiente e do empenho para que o trabalho seja bem feito, e de forma segura. Contudo meu trabalho sobre a cultura me mostrou, ao mesmo tempo, por que a INDAGAÇÃO HUMILDE é difícil.

Este livro reúne todas essas tendências ao mostrar como a cultura interage com o comportamento individual e qual será o efeito disso no modo de o comportamento contracultural lidar com as mudanças que estão acontecendo no mundo.